本书系 2019 年度广西民族地区文化建设与社会治理研究……村振兴战略下民族地区乡村治理中农业保险的创新机制研究"（项目编号：2019YJJD0008）和 2020 年度广西高校中青年教师科研基础能力提升项目"农村农业经济发展中风险沟通的策略研究"（项目编号：2020KY14025）阶段性研究成果之一。

农业风险与农业保险制度建设研究

蔡桂全　著

北京工业大学出版社

图书在版编目（CIP）数据

农业风险与农业保险制度建设研究 / 蔡桂全著．——
北京：北京工业大学出版社，2020.10（2021.11 重印）

ISBN 978-7-5639-7544-0

Ⅰ．①农… Ⅱ．①蔡… Ⅲ．①农业管理－风险管理－
研究－中国②农业保险－保险制度－研究－中国 Ⅳ．
① F324 ② F842.66

中国版本图书馆 CIP 数据核字（2020）第 117458 号

农业风险与农业保险制度建设研究
NONGYE FENGXIAN YU NONGYE BAOXIAN ZHIDU JIANSHE YANJIU

著　者：	蔡桂全
责任编辑：	刘　蕊
封面设计：	点墨轩阁
出版发行：	北京工业大学出版社
	（北京市朝阳区平乐园 100 号　邮编：100124）
	010-67391722（传真）　bgdcbs@sina.com
经销单位：	全国各地新华书店
承印单位：	三河市明华印务有限公司
开　本：	710 毫米 ×1000 毫米　1/16
印　张：	12
字　数：	240 千字
版　次：	2020 年 10 月第 1 版
印　次：	2021 年 11 月第 2 次印刷
标准书号：	ISBN 978-7-5639-7544-0
定　价：	45.00 元

作者简介

蔡桂全，广西桂平人，玉林师范学院副教授、党委办公室（校长办公室）主任，华中农业大学在读博士。先后发表论文33篇，参与编写教材2部，主持或参与市厅级以上科研项目11项，目前主要从事农业风险管理研究和教学工作。

前　言

　　农业是我国国民经济的重要基础，农业的健康和安全发展对国计民生和社会稳定有着重要的作用。现代的农业生产面临着多方面的风险，因此通过农业保险规避农业生产中的风险是十分有必要的。本书从农业生产中的风险出发，对农业生产中的风险应对与农业保险制度的建设进行研究。

　　全书共七章。第一章为农业与农业风险，主要阐述农业的内涵与重要性，农业生产的特点，农业生产中的风险，农业风险管理、识别、衡量及控制等内容；第二章为农业风险的可保性与农业保险，主要内容包括农业风险的可保性、农业保险概述、农业保险的属性、农业保险的功能与作用、农业保险的险种与产品等内容；第三章为我国农业保险的现状分析，主要阐述我国农业保险的发展现状、我国农业保险的供求分析、农业保险的成本与收益分析、农业保险中的各主体分析等内容；第四章为农业保险的法律制度建设，主要阐述我国农业保险政策演变与法律制度分析、国外的农业保险法律与模式经验借鉴以及农业保险立法保障与相关建议等内容；第五章为农业保险财政补贴制度建设，主要阐述农业保险财政补贴的概念与必要性、农业保险财政补贴的作用机制以及农业保险财政补贴的原则与配套政策建议等内容；第六章为农业保险监管制度建设，主要阐述农业保险监管的理论基础、我国农业保险监管的特殊性与金融属性、我国农业保险监管制度存在的问题、我国农业保险监管制度的完善建议等内容；第七章为农业巨灾风险应对，主要阐述农业巨灾风险概述、农业保险巨灾的风险分散机制以及农业保险巨灾风险的法律制度建设等内容。

　　为了确保研究内容的丰富性和多样性，作者在写作过程中参考了大量理论与研究文献，在此向涉及的专家学者表示衷心的感谢。

　　最后，由于作者水平有限，加之时间仓促，书中难免存在一些疏漏，在此，恳请读者朋友批评指正！

目　录

第一章　农业与农业风险

提高农业抗御灾害的能力，降低灾害损失，对于确保农业稳定增长和国民经济持续发展、确保社会稳定，都具有极为重大的意义。本章分为农业的内涵与重要性，农业生产的特点，农业生产中的风险，农业风险管理、识别、衡量及控制四部分。

第一节　农业的内涵与重要性

一、农业的内涵

（一）农业的定义

农业是以动物、植物和微生物为劳动对象，以土地为基本生产资料，通过人工饲养和培育，以取得满足人们需要的产品的物质生产部门。人们利用动植物和微生物的生理机能，通过劳动使生物的生命过程得到强化或进行控制，并使生物与环境之间的关系得到更好的协调，从而能够便于我们获取食物和其他物质资料。

（二）农业的分类

按照生产力的性质和状况，一般可以将农业分为以下四种。

①原始农业。所谓原始农业是指在原始的自然条件下，采用简陋的石器、棍棒等生产工具，从事简单农事活动的农业。原始农业大体上是从新石器时代开始的，系由采集、狩猎逐步过渡而来的、一种近似自然状态的农业，是世界农业发展的最初阶段。

②古代农业。所谓古代农业是指使用铁木农具，人们主要凭借直接经验从事生产活动的农业。

③近代农业。所谓近代农业是指由手工工具和畜力农具转变为机械化农具、由劳动者直接经验转变为近代科学技术、由自给自足的生产转变为商品化生产的农业。

④现代农业。所谓现代农业是指广泛使用现代科学技术、现代工业提供的生产资料和现代生产管理方法的社会化农业。

二、农业的重要性

（一）农业在国民生产中的基础性地位

从人类社会的起源来看，农业是历史上最早被发明和发展的生产活动，同时也是支持人类一切生命活动的基础。农业为人类赖以生存的基本生活资料提供了相对稳定的来源，为人类的聚居生活提供了条件。因此如果没有农业，人类社会就无法建立，农业产业是传统社会的基础产业，这对任何一个国家来讲都是成立的。

同时，农业作为国家的第一产业，其在国民生产活动中的基础性地位还表现为：刺激社会分工，促进第二、第三产业产生和壮大，并为人类社会从农业文明向工业文明以及现代科技文明转变的过程提供动力。

在社会发展程度较低的时期，农业是大多数国家最主要的产业部门，农业产出是一国经济的命脉。随着知识的积累和技术的进步，农业生产的效率逐渐提高，农业产出在满足生产者自身生活需求的基础上开始产生剩余产品。农业剩余的产生和积累使得剩余的劳动力和资源由农业部门向其他部门转移，从而推进了劳动力的社会分工，为工业革命的产生奠定了物质基础，推动了工业（第二产业）、商业（第三产业）的产生以及商品经济和城市的发展繁荣。在此基础上，社会各产业共同推动了科学技术和人类文明的发展进程，技术和知识的积累又反作用于农业生产，带动农业生产方式的改良进步，形成三大产业共同发展、互相促进的良性循环局面，在提高社会生产力的同时促进了现代文明的发展繁荣。因此，农业产业是人类社会工业化、城市化和现代化的最重要推动力，是现代社会的基础产业。

除了为人类社会的起源和发展提供条件之外，农业的基础性地位还体现在其不能被任何其他产业替代的特殊性上。首先，农业是居民生活所必需的食物的最主要来源，这一点是农业最根本也是最主要的功能和作用，无论过去还是现在都是无法被替代或改变的；其次，农业是工业生产原材料的主要来源，在现代社会背景下，工业产品（尤其是轻工业产品）是满足居民生活不可或缺的必需品,农产品则是工业生产的重要原料,是难以被其他途径生产的物品替代的;此外,农业部门为其他部门的发展提供了市场,这一方面是指农民在收入水平提高的背景下对非农产品不断增长的需要,另一方面是指在农业对化肥、机械、灌溉系统等生产设备设施以及生产技术的需求。

根据我国三大产业产值所占国内生产总值比重的变化我们可以看出第一产业产值占国内生产总值的比重有缓慢下滑的趋势。在国民经济持续发展的大背景下,随着第二、第三产业的蓬勃发展,第一产业不再是国民经济增长的主力,但这并不代表农业在国民经济中的地位有所下降。第一产业——农业仍然是提供人类生产生活及社会经济发展所需产品的重要且无法被替代的生产部门,对人口增长和社会繁荣有着举足轻重的意义。

(二)农业的作用

1. 农业在经济发展中的作用

农业在一国发展中最主要的作用就在于促进经济增长。农业为一国经济发展所做的贡献可以被概括为产品贡献、要素贡献、市场贡献和外汇贡献。

(1)产品贡献

产品贡献是农业为其他产业提供的最初始的贡献。农业部门生产的产品在扣除农业部门本身消费和储备的部分后留下的农产品剩余,这些农产品剩余一方面可以为非农业部门的人口提供食物,另一方面可以为其他产业的生产提供原材料。

在产品贡献的食物供给方面,随着经济发展和人口增长,国民对食物需求的总量是不断上升的,因此农业最重要的作用就体现在满足居民食品需求上。与此同时,随着人民收入水平的提高和生活质量的改善,人们对农产品质量和多样性的要求也在不断增多,这将给予农业产业更大的发展压力,也更加凸显了农业部门的产出对于人民生活发挥的重要作用。

此外,在当今世界,粮食安全是维系一国安全稳定的重中之重,一旦粮食供给和价格产生波动,就可能导致经济发展停滞,甚至引发严重的社会动荡。因此,保障充足的粮食供给和稳定的粮食价格,从而维护国家安定和社会和谐,成了农业在食物供给方面的另一个重要作用。我国粮食产量近三十年以来基本处于稳定增长状态,为满足居民日益增长的食品需求和维护国家粮食安全奠定了重要基础。

在产品贡献的原材料供给方面,农业产品主要为工业生产(如食品加工业、纺织业和烟草制品业等)提供必需的原材料。尤其在工业化初期或发展中国家的经济起步阶段，以农产品为主要原材料的轻工业对手工业化进程和经济增长有着重要的意义。这一方面是因为加工食物、纺织品等轻工业产品作为人民生产生活的必需品，能够保障一国居民的基本生活需要；另一方面是因为以轻工业为主的工业化布局更符合发展中国家劳动力密集且价格低廉而资本和技术尚不发达的实际国情，有利于获得在国际贸易中的比较优势。在农产品供给原材料的保障下，工业和其他产业将实现持续性扩张，顺利推动一国工业化进程，从而带动国家经济整体的发展繁荣。

在 20 世纪 80 年代，中国工业（特别是轻工业）的发展对农业部门提供的原材料依赖度相当高，这体现了在经济发展起步阶段农业在原材料贡献上的重要性；随着经济总体的发展，以农产品为原材料的轻工业产值的绝对值仍在持续增长，虽然在相对比重上有明显的下滑，但是其仍然在工业部门总产值中占有重要地位。

（2）要素贡献

农业的要素贡献在于农业资源向其他生产部门的转移。可被转移的要素分为两种，即劳动力和资本。

在劳动力转移方面，随着经济水平的不断提高，农业产业为工业和服务业的扩张与发展提供了大量的劳动力。按照经济发展的一般规律，在起步时期，农业是国民经济的主导产业，其占有的劳动力在社会总劳动力中也占有绝对的份额；在工业化进程加速时期，以工业为代表的非农业产业部门的扩张使得它们对劳动力要素的需求大大增长，要满足这一需求除了依靠提高技术水平、增加有效劳动力之外，还需要大量农业部门劳动力的补充和支持。劳动力要素由农业部门向其他部门的移动实际上是一种全社会范围内资源配置的优化过程，它一方面能够提高农民收入，刺激新一轮的消费和投资热潮，带动经济整体增长；另一方面它促进了人口由农村向城市的流动，加速推动了城市化进程，并创造了新的商品与服务需求，创造了新的就业岗位和机会。由此可见，农业的劳动力转移不仅是工业化进程的重要环节，也是提高人民收入水平、改善人民生活质量、带动经济发展扩张的前提条件之一。

在资本转移方面，农业部门在经济增长过程中为非农业部门的发展和扩张提供了大量的资金。在工业化进程起步阶段，工业部门的专业化和集中化程度较低，其发展过程中大量的资本需求无法通过行业自身的储蓄投资得到满足。在这种情况下，作为国民经济主导产业的农业部门占有的资本可以成为工业扩张资本的主要来源。农业部门拥有的储蓄和资本可以通过农民的自愿投资或政府的转移支付政策等途径注入工业部门，一方面为工业生产提供强劲的资金支持，刺激工业迅速发展以达到规模经济，另一方面也会通过资本的增值使农业人口和经济整体直接或间接获益。

（3）市场贡献

农业部门与国家其他部门的市场交易，形成了农业部门的市场贡献，并分为直接市场贡献和间接市场贡献两类。

农业的生产过程离不开对化肥、农业和辅助机械设备等非农业产品的消费，同时农业人口的日常生活不仅需要自身的农产品产出，还需要日常用品、家具家电和服装等非农业部门的产品。农业对于经济的直接市场贡献就在于其购买生产投入品和日常生活必需品的行为增加了社会消费需求，带动了市场的发展，推进了工业化进程，对国民经济的增长发挥了重要作用。农业人口的消费不仅能够带动产品供给方的规模发展，同时这种消费使农民有更多可能性获得更新更好的生产资料和设备，以便投入新的农业生产中，促进农业生产效率的提高从而带动农业部门自身的发展。农业部门的发展又能反过来刺激新的市场交易，形成互相促进的良性循环。随着国民经济持续增长，农民收入普遍提高，农村居民的消费水平与以前相比有显著提高，农民的消费对我国的市场贡献也越来越大。

农业的间接市场贡献表现在农民的直接消费能够通过乘数效应推动经济总体消费相对上涨。农业部门通过市场交易将资金转移到其后向产业的身上，引发新一轮的消费和投资，这样可以带动整条产业链的规模化发展，从而带动经济总体的扩张和增长。

（4）外汇贡献

除了上述三种贡献方式之外，农业在一定时期内可以通过对外贸易来创造外汇收入，拉动经济增长。对发展中国家而言，其充足而廉价的劳动力资源使其农业产品在国际贸易中拥有更大的价格优势，农产品对外销售可使本国获得外汇收入作为推进工业和经济发展的资本，增强国家的综合实力；对于发达国家而言，其拥有的先进农业技术和生产设备可在农业生产方式更新换代的过程中通过向发展中国家出售来为本国创造额外收入。

2.农业的其他作用

（1）社会作用

农业部门的社会作用体现在对社会和谐稳定发展的促进上。首先，农业部门具有为劳动力提供就业机会、保障劳动力收入来源的作用。在我国，虽然随着社会经济发展和产业结构的调整，第一产业的劳动力正在逐步向第二、第三产业部门转移，但是农业部门仍然容纳了我国将近三成的劳动力，其就业功能至关重要。其次，随着农业收入的提高和扶持政策的完善，农业逐渐开始具有一定的社会保障功能，这体现在农村养老、医疗和教育卫生等方面。此外，农业生产还具有保障国家粮食安全、维系居民基本生活的安全功能。

（2）生态作用

除了社会作用以外，农业在环境保护和维护生态平衡等方面也发挥了重要的作用。具体而言，农业对于调整生态环境具有多重作用，如通过农作物的光合作用和呼吸作用实现供氧和固碳，发挥气体调节的功能；通过植被覆盖以及部分作物品种和牲畜的育肥功能实现土地资源保护与循环利用，发挥保育土壤的功能；通过作物调节径流实现水质的净化和水量的调节，发挥涵养水源的功能；通过农林业为各类动植物提供生活和繁衍场所，为不同物种的生存和进化提供条件，发挥保护生物多样性的功能。

除了利用农作物生长过程中自身的性质来达到生态调节的目的以外，农业还在新能源的发现和利用领域中发挥着重要的作用。在过去，农业生产的过程不可避免会产生一些废弃物，如秸秆、动物粪便及其他废物废水等，它们不仅会对环境造成污染破坏，对它们的处理还面临着高昂的成本问题。随着科学技术的发展，这些废弃物开始通过各种途径发挥其新的价值，如秸秆沼气化、生物柴油和燃料乙醇等清洁能源的开发。这些新技术不仅符合现代经济可持续发展的原则，为农业和工业生产提供了环保可靠的能源，而且还为进一步提高农民收入、改善农民生活水平提供了新的途径。

（3）文化作用

农业的文化功能体现在两个方面：一方面，体现在对文化的传承和保护上，以我国为例，作为一个历史上的农业大国，我国拥有大量以农业和农村为载体进行传承的物质和非物质文化遗产，如农业设备、仪式、语言、歌曲和传说等，在历史研究、审美和教育领域具有巨大的潜在价值。另一方面，随着社会经济文化的不断发展和人民物质文化需求的逐渐提高，农业的旅游、观光和休闲作用正在逐渐凸显，这也进一步发挥了农业的潜在功能，为农民的增收和农业向新型发展模式转变提供了动力。

综上所述，农业在国民经济中的基础性地位和在国家发展过程中发挥的各项重要作用，共同决定了国家保护和促进农业发展的重要性。而针对农业生产的特征，制定适合的帮扶措施，也成了国家农业发展战略的重中之重。

第二节　农业生产的特点

一、传统农业的特点

（一）经济再生产和自然再生产的交织过程

所谓经济再生产，是指结成一定社会关系的社会成员，借助一定的生产手段和劳动对象生产产品的过程。所谓自然再生产，是指由于农业生产的对象是有生命的有机体，都有其自身的生长规律，都离不开土壤、气候、雨量、光照等自然环境条件，生物有机体通过与自然环境交换物质和能量，从而不断生长和繁殖的过程。因此，农业的再生产过程，既是人们投入劳动生产出满足人们需要的产品的经济再生产过程，又是生物有机体本身生长、发育、繁殖的自然再生产过程。这两种过程是密切结合、交织在一起的，其中自然再生产是农业再生产的基础，而人们的经济活动则是起着推进或指导自然再生产的作用，尽可能使自然再生产沿着人们预期的目标来进行。

随着社会的发展和科学技术的进步，人们对自然再生产的干预能力有了很大的提高。例如，19世纪30年代细胞学说的提出使农业科学实验进入了细胞领域，突破了传统农业单纯依赖人们经验与直观描述的阶段。19世纪40年代创立的植物矿质营养学说对化学肥料的广泛应用和化肥工业的迅猛发展起到了推动作用，标志着现代农业科学进入了一个新时代。19世纪50年代，生物进化论充分揭示了生物遗传变异、选择的规律，奠定了生物遗传学与育种学的理论基础。由于杂交优势理论在农业上的应用，出现了玉米杂交种，而且其还得到了大面积的推广。信息技术的发展和应用使现代农业发展的节奏大大加快。然而，不管怎样人们的干预都必须遵守生物本身生长的自然规律，农业作为经济再生产和自然再生产结合体的本质不会变。

（二）受动植物生物学特性的强烈制约

农业生产是利用生物的生命过程进行的生产，是通过加速动植物生长发育过程获取社会所需产品的经济活动，所以受生物特性和生命运动规律的限制。例如，都市里工作的人可以实行一周五天工作制，而农民却注定每周要工作七天，因为耕种的田地每天需要耕作，饲养的动物每天需要喂养。到该播种时就必须播种，庄稼熟了也必须尽快收割，否则"人误地一时，地误人一年"。受生物特性和生命运动规律的制约，农业主要特点表现在如下几个方面。

1. 生产周期长

农业生产短则数周，长则数年，所以其资金周转速度慢、效率低。同时农业生产的季节性也非常显著，固定资产的利用率低，易受自然腐蚀和损坏。

2. 农产品具有鲜活性

销售是否及时对农业效益的实现具有决定性意义。农产品中绝大多数都是带有生物特性的产品，不仅活牛、活鸡、活鱼、稻谷等产品需要及时销售，而且各种加工食品也容易受到各种气候、生物因素的作用而导致霉烂变质。农产品一旦变质则无可挽回，这个特点极不利于农产品同其他工业产品开展平等的竞争。

3. 对市场信号的反应滞后

由于受自然再生产过程的约束，农业生产不能像工业生产一样，一碰上市场供过于求、产品价格下降就立即停止生产或转产，而在供不应求、价格上升时就迅速组织原料扩大再生产。农业生产的计划与实施往往是根据上一个生产周期的市场供求关系确定的，这种对价格信号反应时间的滞后性也不利于农业同其他行业的竞争。

（三）农业受自然条件影响大

农作物农业生产的过程在很大程度上受到自然条件的限制，气候条件、水源条件、地形条件和土壤条件会分别从不同角度影响农作物的生长和农业的发展。同时，每一种农作物都拥有各自不同的生长周期和对自然环境的要求，因此农业生产的过程也会受到来自农作物自身生长规律的限制。由于农业显现出的这种对自然环境和作物自身特点的强依赖性，传统农业生产过程的特点在总体上表现为地域性、周期性和自然性。

农业生产的地域性源于自然条件地带性与非地带性对于农作物生长环境的影响。不同作物的主要产区各不相同，各地区的主要农产品也各不相同。由于纬度、海陆分布以及地质地貌的不同，各个省份和地区形成了多种多样复杂的生态环境。这些自然地理的差异是不同地区作物分布差异产生的基础。此外，社会经济条件的差异也在一定程度上影响了农业生产的地域性，这体现在人口、资源、技术和历史背景不同地区对农业发展方向、结构、经营方式和布局的差异上。

农业生产的周期性和季节性源于影响作物生长发育的温度、水分和光照等自然条件随季节产生的周期性变化，因此作物的生长和产出也会遵循相同的规律。每一年第三、四季度的农业产值增量是明显大于第一、二季度的，农业生产有明显的周期性和季节性特点。

（四）农产品的需求弹性比较小

人们的生理条件会在一定程度上限制农产品的需求扩张，人们对超过其生理需要的那部分农产品的效用评价趋近于零，甚至为负。因此，农业生产者要承担现实甚至严峻的市场风险。经济再生产的规律同样制约着农业的自然再生产。

（五）农业经济的不稳定性

农业生产是经济再生产和自然再生产的统一。因此，一方面农业受自然（如气候、天灾以及病虫害等）的影响很大；另一方面由于农业生产的周期长，对市场信号的反应滞后，农业生产者依据原有的市场信息而进行的生产决策，可能在下一个生产周期结束时发生了变化，从而使农业生产的市场风险（或称经济风险）不可避免。与此同时，农业还面临着其他风险（如火灾、盗窃等）的影响。所有这些因素均使农业生产成果及其交易活动面临着诸多不确定性，导致农业成为一个风险较高的产业，从而具有不稳定性。但是，由于农业在国民经济中处于基础地位，农业经济的不稳定性同它的基础地位产生了矛盾。如何解决这一矛盾，成为各国政府面临的一道难题。

二、现代农业的新特点

现代农业主要指第二次世界大战后经济发达国家和地区的农业，是指应用现代科学技术和管理方法的农业产业。在农业现代化的发展背景下，农业生产产生了与以往不同的新特点。

（一）农业生产技术的科学化

科学技术是第一生产力，同时也是现代农业发展的重要驱动力。在农业现代化的进程中，科学技术逐渐取代土地、资本和劳动力，成了对提高产量贡献最大、回报率最高的投入方式之一。此外，农业科技的运用也使得农业产品更新换代的速度不断加快，满足了人民日趋多样化的消费需求。

（二）农业生产过程的机械化

在农作物培育的各个阶段，机械设备正在逐步取代人工劳动，它们在提高农业生产效率和精确度的方面发挥了重要作用。随着国民经济的发展和农业技术的进步，我国农业生产对农业机械的依赖性逐渐增强，农业机械的数量正在快速增长。

（三）生产方式的专业化和规模化

随着农村土地流转制度改革的不断深化，形式多样的土地出让方式使原本分散的耕地开始适度集中。新型农业经营主体（农业合作社和专业农场）及其专业化、规模化的经营方式随之出现，产业结构由传统的小农经济向规模农业经济方向转变。在规模经济作用下，农业生产效率和产量都有大幅提高。

在现代农业这三个特点的共同作用下，我国农业生产的效率有了显著提升，各类农产品单位面积产量都有显著提升。但需要注意的是，这在促进农业产业发展的同时也给农业发展带来了更大的潜在风险。

第三节　农业生产中的风险

一、风险的概念

风险无处不在。在市场经济中，风险更是成了一种常态。至于何为风险，相关学者各执己见，代表性的观点主要有损害可能说、意外事故说、损害不确定说、风险因素结合说、预期和实际结果变动说、风险主观说和风险客观说等。尽管众多学者在风险的定义上并没有达成一致，但所有的定义中均包含了两个共同要素：不确定性和损失。所谓不确定性是指当风险存在时至少有两种可能的结果，而我们在面对风险时无法知道哪种结果将会出现；所谓损失是指风险可能导致的后果，通常情况下人们认为这种后果应该是不利的，而实际上，在风险的一般定义中，只要"实际收益"与"预期收益"产生偏离就是损失，这包括"实际收益"低于"预期收益"（不利后果）和"实际收益"高于"预期收益"（有利后果）两种情况。

二、农业风险的概念

农业风险是指人们在农业生产经营过程中由于遭受灾害使实际结果低于预期价值而导致经济损失的不确定性。这种不确定性表现在三个方面：一是损失是否发生的不确定性；二是损失何时发生的不确定性；三是损失程度大小的不确定性。

农业风险有狭义和广义之分。狭义的农业风险仅指种植业与养殖业生产过程中遭受的各种灾害损失的不确定性；广义的农业风险还包括涉农财产风险和涉农人身风险，即农业服务业、农民在生产或生活过程中所面对的各种灾害损失的不确定性。

所谓灾害，是指自然原因、人为原因或者二者兼有的原因所形成的破坏力给自然界、人类社会所带来的祸患。换句话讲，凡是能够造成社会财富和人员伤亡的各种自然、社会现象，都可称为灾害。灾害产生破坏作用要借助具体的载体，这种载体被称作灾害事故。载体不同，灾害事故的表现形式就不同。因此，灾害就出现了许多种类，如火灾、风灾、水灾、旱灾等。灾害的发生对社会财富与人的生命和健康的破坏结果叫作灾害损失。灾害损失不同于风险损失，它是实质性的损失结果，而风险损失是带有可能性的灾害损失。

三、农业生产面临的风险

由于传统农业在很大程度上依赖自然条件，以及现代农业正在受到技术、资本等越来越多要素的影响，农业生产要面对来自各方面的风险。农业风险可被划分为灾害风险、经济风险、资源风险、技术风险等。

（一）灾害风险

灾害风险是指在农业生产过程中，由于自然环境的变化或人为因素的影响导致灾害发生，从而使农业部门发生损失的风险。根据不同的灾害原因，灾害风险还可以被细分为四种风险。

1. 气象灾害风险

气象灾害风险主要是指气象的异常突变直接或间接地对农民的生命财产安全和农业造成损失的风险。气象灾害主要包括旱灾、暴雨与洪涝灾害、台风、沙尘、寒潮、冻雨、冰雹和霜冻等。不同的气象灾害造成损失的方式、范围和持续时间各不相同，但一般会导致农作物产量低下甚至绝收，对农民收入产生不利影响。

2. 地质灾害风险

地质灾害风险主要是指在自然或者人为因素的作用下形成的、具有破坏性的地质现象对农业生产造成损失的风险。地质灾害主要包括地震、滑坡、泥石流、塌方、地裂、火山喷发、土地沙漠化和盐碱化等。地质灾害对农业的危害往往是毁灭性的，不但可能对农作物和农业系统基础设施造成严重的破坏，

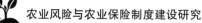

而且有时甚至会完全改变原先农业用地的地貌和土壤条件，使农业生产恢复变得困难。

3. 生物灾害风险

生物灾害风险主要是指由病、虫、草、鼠的暴发性流行和增殖造成农作物和牲畜大量损失的风险。生物灾害风险的发生频率较高，危害也非常严重，既会导致农产品产量降低乃至绝收，还会对生态环境造成严重破坏，影响到较长时期内的农业再生产。

4. 生态灾害风险

生态灾害风险主要是指因生态环境恶化或被破坏导致农业损失的风险，包括环境污染、水土流失、温室效应和物种资源衰竭等。生态灾害风险一般是由于人类过度的开发利用自然资源导致的，其对农业生产环境的不利影响是长期的、渐进的甚至是难以逆转的。

自然风险是制约农业发展壮大的重要因素之一，也是农业产量不确定性的一大主因，严重影响了农业发展的稳定。随着市场经济的发展和农业生产规模的扩大，自然灾害对于农业的不利影响越发显著，并间接作用于国民经济和国家安全。一旦发生自然灾害，不仅农业部门会发生收入损失，而且还可能导致粮食、肉类等生活必需品供给不足、价格上涨，对社会安定造成不利影响。

近年来，各地气候异常、灾害频发、小灾变大灾现象增多。农业生态环境的恶化使其抗御自然灾害的能力减弱。国内的保险机构一直不太关注农业保险，导致自然风险对农业的影响巨大，这些问题必须引起人们的高度重视。

对抗自然风险最好的方法有两种。一是加大政府投资，加强农业基础设施建设，提前做好准备，做好农业自然风险防范工作；二是提高农业保险力度。但这些年来，因为农业生产风险大、收效低，农业保险一直存在赔付标准太低、险种单一、核灾理赔时间长等问题，其覆盖面和效果还有待提高。

因此，相关部门应从供给侧推动我国农业保险创新，既要提高保险赔付额度，也要扩大保险品种，把一些特色产业、高效农业，像蔬菜、果树、中药材、等都纳入国家政策性农业保险行列，为农业增效、农民增收撑起"保护伞"，织好"安全网"。

（二）经济风险

1. 市场风险

在经济上，人们的食品消费受恩格尔系数的制约和影响，弹性较低，人们的需求从满足温饱逐渐发展为吃得好。因此，我国农业不仅受自然风险的威胁，而且还受市场风险的影响。农业生产过程中的市场风险主要是指农业部门在参与市场交易活动中由于供需条件变化、经营管理失误和通货膨胀等原因导致的损失，可具体分为以下几种。

（1）价格风险

价格风险主要指由于农产品价格波动导致的生产者预期收益与实际收益之间差距的风险。这种波动一方面是由于农业生产自身的周期性和季节性特点，导致了农产品在短时间内集中供应或稀缺，从而影响农产品价格在各个季度的剧烈变化；另一方面是由于农业生产者获取市场信息的滞后性和盲目性，由于农业中前一期的产品价格决定了后一期的产量从而影响到后一期的产品供给，导致农产品价格产生周期性波动。我国的农产品生产价格是多变且缺乏规律的，这在客观上导致了更高的价格风险。价格风险不仅会使农业生产者的实际收益严重偏离其预期收益，还会对消费者的利益造成损害，并影响到农产品市场的健康发展。

由于农业的生产周期较长，在时间上分割了生产决策与产品销售，两者之间有时间差，所以造成农产品价格调节的滞后性，加之国际农产品的价格波动，农产品的价格风险难免会影响农业的经营发展。

（2）信用风险

信用风险主要是交易双方的违约行为造成经济损失的风险。这一方面是指在农产品交易过程中生产者面临的买方违约风险，由于农业生产需要一个较长的农作物生长周期，交易双方很难实现一手交钱一手交货，因此面临一定的毁约风险；另一方面是指在农业信贷过程中，贷款机构面临的农业生产者违约风险。由于农业生产过程存在不确定性，一旦农业生产者发生损失，失去还款的资本，贷款机构将难以收回贷出资本。

（3）信息风险

农民生产者种植的农作物或养殖的牲畜可能没有市场，尤其是对那些种植特产和养殖小牲畜产品的农民而言，的确存在销售不出去产品的风险。农产品滞销很大程度上是由于农民所掌握的信息具有很大的局限性，从而对市场的判断出现失误，市场预测出现严重偏差，这给其造成了无法挽回的损失。由于预测失误，农产品总量出现了过快增长，于是也增加了总供给。然而，从市场需求上看，超过了温饱线的城乡居民开始降低对农产品的需求，农产品消费的增长缓慢，甚至下降。在农业这个接近完全竞争的市场结构中，价格完全发挥着对农产品生产的调节作用，很难保证农产品的供求平衡，价格总是在上涨和下跌中波动，这就是经济学上的"蛛网效应"。

相比于一些发达国家，我国农产品市场目前的"蛛网效应"相对突出，主要原因在于我国农产品市场存在严重的信息不对称现象，有效信息十分缺乏，此外由于农民整体文化素质偏低，很难准确判断市场的行情，容易出现"逆向选择"和"道德风险"，农民生产的盲目性很大，导致竞相压价和"旺销—扩种—卖难"的怪圈现象反复出现，从而加剧了农产品市场的风险。另外，在国内有效需求不足的情况下，农产品加工企业又面临很大的困难，不仅影响了农产品转化的增值速度，而且也严重制约了农产品的市场需求，导致农产品严重积压。例如，果蔬等农产品的加工环节薄弱，不易依靠增加附加值来减缓市场风险，增加农民收入。据统计，我国果蔬由于贮藏、加工水平低，产后损耗一般为25%～30%，远远高于发达国家5%的平均水平。近年来，各种媒体经常报道全国各地的各种农产品滞销消息，滞销给种植农产品的农民造成了巨大的经济损失。

2. 制度风险

所谓制度风险，是指在改革、变迁与实施的过程中，由于制度主体与制度客体无法预见其制度变迁的结果，导致制度绩效可能会与预期收益发生背离，最后可能会影响农业生产者的家庭收入的风险。此外，由于有关农业和农村经济政策的不稳定性而带来的风险也应属于广义的制度风险。在市场经济条件下，不仅自然环境会影响生物性的农业生产，市场供求规律和价格波动同样会影响生物性的农业生产。除此之外，由于我国农业采取的是小规模家庭经营方式，所以产生了经营分散、商品率低、生产与价格信号的关联性低等因素，使农户在复杂的制度环境中不能准确把握所处的不确定因素，也不能做出正确的判断，因此农业在目前的制度环境中，不管是在商品市场还是在经济资源竞争中，通常都处于软弱和不利的地位。

（三）资源风险

农业生产过程中的资源风险主要是指由于生产所需资源的短缺导致农业损失的风险。其可以按照资源类型分为自然资源风险和劳动力资源风险。农业作为一种资源密集型产业，一旦出现资源供给不足的状况，就会对农业生产者的生产可持续性和安全性造成危害。

自然资源风险主要分为三类：一是耕地资源风险，包括耕地面积总量减少、耕地质量下降和耕地污染等，这些现象可能导致较低的劳动生产力和人地资源关系紧张等问题；二是水资源风险，主要表现为水资源短缺、水资源分布不均衡和水资源污染等，这些现象会导致大规模的农作物产量损失以及农产品质量下降等问题；三是生态资源风险，主要表现为生态破坏和生物种类减少，生态破坏会导致农业生产环境恶化，而生物种类的减少则会影响农作物的品种改良和农业生物科技的更新进步。

随着农村劳动力的兼业化和劳动力由第一产业向第二、三产业转移的趋势，农业生产正在面临劳动力资源风险。在"打工潮"流行的背景下，传统农业的劳动力状况不可避免地出现了老龄化的趋势，这将会导致劳动力素质下降和农业生产效率降低。

（四）技术风险

农业技术风险主要是指在农业技术的运用过程中产生的不可预期损失的风险。在农业现代化的背景下，农业生产过程中对现代科学技术的利用越发重要。农业科技的发展不仅改变了农业生产完全依赖自然条件的局面，在极大程度上提高了农业产出率，而且还开发出了新的农产品，扩展了农业生产的经营范围。

但是，农业技术的运用在高收益的同时面临着高风险：第一，农业科技投入生产实践首先需要大量的资金和劳动力投入，一旦实践未能收获预期效果，采用新技术的生产者将蒙受比未使用新技术时更加严重的经济损失；第二，某些农业科技的大规模推广在发挥其优势效果的同时，可能对农业生产甚至生态环境的其他方面造成损害，譬如杀虫剂、除草剂和化肥的大量使用虽然在短期内能够起到提高产量的效果，但是在长期内可能导致土壤板结、害虫害草产生抗药性、环境污染等更加严重的问题，加剧农业甚至生态环境总体的脆弱性，对生产者收入造成更大的影响；第三，由于农业科技的先进性和科学性，其在运用过程中通常要求生产者具有一定的知识水平和生产技能，但是以目前的教育推广程度而言，我国农民文化水平普遍偏低，这往往会导致农民由于未能正确掌握新技术的使用方法而导致大规模损失；第四，农业科技的成功运用能够为身先士卒的生产者带来大量的收益，但是新技术一旦被证实确实有效，就会在极大范围内被其他生产者运用和模仿，从而引起农产品的供给大幅增加和产品价格下滑，可能导致生产者的实际收入与预期收入严重背离。

农业的技术风险是指某些技术因素，如农业科学技术的发展、进步和提高，给我国农业生产造成损失的风险。尤其在推广和应用农业技术的过程中同时存在风险，这主要表现在：某些技术可能存在不完善性、不稳定性和不适应性，一旦有其中任何一种情况发生，都会给农业生产者带来很大的损失。我国农业生产以户为单位、规模小、经济效益低、抗风险能力弱，并且农业新技术的成本相对较高，且可能带来的风险较大，因此很多农户不愿意花钱采用新技术。

降低技术风险可以从三个方面着手：一是加大技术引进力度，帮助农民引进比较成熟的种植技术、养殖技术、加工技术，依靠先进技术增产增收；二是加大技术培训力度，注重开展针对性的技术培训，通过采取多渠道、多形式、全方位的技术培训，提高农民科技水平；三是加大技术承包力度，鼓励科技人员、新型农业经营主体开展技术承包和技术咨询，降低农民技术风险。

（五）社会风险

除了自然灾害会影响农业生产外，社会风险也会在一定程度上影响农业的生产。所谓社会风险，是指由于社会系统内部因素的非常态变动造成的灾难性事件而产生的农业风险。农业生产现代化可以有效减少自然灾害的很多不确定性，但随之而来的是系统和特殊的社会风险。

此外，虽然新型农村合作医疗制度成为切实缓解农村群众看病难、看病贵和解决"因病致贫、因病返贫"问题的有效途径，但是在很多落后地区的农村，"一人大病一家穷，一次大病一世穷"的现象还比较普遍，农村居民"大病致贫、返贫"的现象依然存在，农民群体抗大病风险的能力依然非常脆弱。

四、农业风险的特征

（一）不确定性

农业生产的过程会受到来自自然和社会的多重因素的共同作用。农业风险的形成既会受到自然灾害和自然资源的影响，又会受到农产品市场和农业科技的影响，因而导致农业风险具有种类多、频率高、损失大的特点。仅以我国自然灾害为例，2010 年以来每年自然灾害导致的直接经济损失都在 2000 亿元以上，并且经济损失的数额没有明显的变化规律，这导致了农业生产和农民收入的严重不确定性，甚至危及整个国家的安定发展，因此建立农业风险管理体系是十分重要的。风险事故发生的频率和损失规模是厘定保险费率的基本依据，保险标的所面对的风险事故发生的频率高和损失规模大，费率必然高，反之则情况相反。

众所周知，农业生产与大批量、程序化的工业生产不同，它具有特殊性。由于农业生产的对象是有生命的植物或动物，这些植物或动物在其整个生长过程中呈现一种变化状态，因而其价值会随着动植物生长周期的变化以及人类劳

动和耗费投入的积累而产生变化。对于农作物来说，在不同生长期受到自然灾
害的影响和风险损失程度是不一样的，由此农作物的风险具有不确定性。此外，
在农业生产中，单一风险事故的发生通常会引起另一种或多种风险事故的发生，
导致农业损失扩散，而且由于这种损失是多种灾害事故的综合结果，所以很难
区分各种风险事故的损失后果。

（二）区域性

农业风险，尤其是灾害农业风险在分布上具有明显的区域性。由于所处纬
度、海陆位置、地形地貌条件和经济社会背景各不相同，各地所面临的农业风
险的特点也不同，主要风险类型、发生频率和损失程度也有很大的差异。

以我国为例，华北地区和东北地区由于气候相对干燥，降水量小，自然灾
害以旱灾为主；华东地区、华中南地区和西南地区由于其显著的季风性气候特
点，夏季降水集中（尤其华东地区夏季易受台风和风暴潮影响），其他季节降
水稀少，同时受到干旱和洪涝灾害的威胁；西北地区受到海陆位置的影响，旱
灾十分严重，同时由于其自身高海拔的地理条件，低温冻灾和风暴灾害的威胁
也十分明显。风险的地域性要求人们在风险管理的过程中必须按照各地实际状
况进行风险区划管理。

（三）伴生性

某一个农业风险事故通常可能导致发生一连串新的风险事故，从而进一步
扩大农业的风险损失。比如，暴雨和洪涝灾害可能导致山体滑坡和泥石流等次
生灾害，旱灾则可能导致病虫害和鼠害等。农业风险半生性的特点要求农业风
险管理体系必须有灾后的迅速反应能力和控险措施，以防止损失进一步扩大。

（四）非一致性

在一般情况下，风险事故与风险损失存在绝对的相关性，即风险事故一定
会对风险主体造成非正向的影响。但是在农业领域，就事故结果而言，许多重
大的农业风险事故最终不一定会导致损失，反而可能对产量和农民收入造成正
向的影响。例如，洪涝灾害和台风灾害虽然可能导致部分农田和农用设施损毁，
但其带来的冲积土壤和降水往往可以缓解周边地区的夏季旱情，进而促进丰产
丰收。

由于农业生产的对象——动植物是有生命的有机体，其自身对灾害有一定
的调节能力，并且能够通过后期的生长弥补前期灾害带来的影响，所以通常来
讲农业风险事故甚至重大的农业风险事故，最终不一定造成损失，反而可能会

带来丰收。一场台风可能会在很大程度上损害台风中心地区的农作物，但台风带来的雨水，可能会有效缓解附近地区的作物旱情，从而创造良好的丰收条件。然而，其他财产的风险就不具有这种特点。正是由于农业风险的这一特点，所以使得农业保险的理赔程序和方法十分特殊。

（五）系统性

由于农业生产的分布广泛，单次农业风险事故的涉及面往往非常广泛，特别是自然灾害一旦发生，将导致大量农产品产量减少和高额的农民收入损失。由于涉及范围过大，农业风险通常很难通过风险分散机制有效分散到一省甚至一国的范围内。除此之外，农业是国民经济的基础，其受到农业风险影响产生产量的波动也会影响到整个国民经济的平稳运行。因此，农业风险导致的损失在客观上是不仅止于农业部门的，它的影响范围涉及国民经济的各个部门，因此风险很难得到有效分散和转移。

（六）相对性

一般来讲，农业风险的相对性包括两个方面。

一是指农业风险的可预测性。虽然农业风险具有不规则性，但任何事物的产生、发展都不是偶然的，随着科技的进步和人们素质的提高，他们可以逐渐认识和掌握农业风险的规律性。农业经营者可以运用各种科学方法，预测可能产生农业风险的时间、范围和程度，从而为农业风险控制提供可靠依据。

二是指对不同的农业经营者，相同的风险所带来的损失程度是不同的。由于农业的风险比较特殊，无法有效分散农业风险会阻碍农业的发展，也正由于农业保险的准公共物品的属性，需要政府给予大力支持。因此，相关部门现在迫切需要建立一个有效的农业风险分散机制，以更好地完善农业保险制度。

五、农业风险的主要效应

农业既是国民经济的基础，又是一个风险较高的产业。农业风险的存在使得农业生产收益存在极大的不确定性，也给依靠农业生产为生的农民、农业部门及我国国民经济的发展造成了明显的消极影响，这主要表现在经济效应和社会效应两个方面。

（一）农业风险的经济效应

1. 不利于保持农民收入稳定

我国是一个农业大国，人口大部分在农村。对于生活在农村的农民，尤其是处于半自给状态的中西部地区农民来说，农业生产至今仍是他们最主要的经营活动，也是其收入的重要来源。自然再生产和经济再生产相交织的特点决定了农业是一个高风险的行业，也是一个对气候、水分、土壤、环境等自然因素依赖度十分高的产业，几乎每次自然灾害都会使农业生产受到不同程度的影响，成灾比例也在 50% 以上，更为重要的是我国是一个自然灾害频发的国家，所有这些都使得农业生产面临着极高的生产风险，造成农作物或畜产品的经常性减产。

随着市场经济的发展，农业市场风险也逐渐成为影响农业收益的一个主要因素。由于我国是一个以小农户生产为主的农业大国，单个小农户在面对大市场时常常会不知所措，无法获得相关市场信息、准确掌握市场趋势。因此，目前我国农民在市场上是一个被动的弱者，只能根据自己的经验，生产自己熟悉的农作物或畜产品，常常出现由市场价格剧烈波动导致"丰产不丰收"的现象，农业生产的收益波动性很大。需要指出的是，虽然经济学理论告诉我们，随着产量或供给量的减少（增加），该产品的市场价格肯定会上升（降低），而作为产量和价格乘积的总收入则能够"中和"两者的波动，使市场趋于平稳。

但是，上述理论是建立在市场信息完全对称、不存在替代品等假设之上的，而现实生活并不满足这一假设前提，且我国是一个小农户生产的国家，农民的生产规模都很小，除非发生严重的自然灾害，否则单个或小区域内若干小农户农作物的减产对市场供需的影响十分有限，农民更多的是一个价格接受者，产量降低对于他们就意味着收益减少。因此，农业风险的存在使得我国广大农民的农业生产收益存在着很大的不确定性，其波动很大，直接影响农民继续从事农业生产的积极性。

2. 阻碍农业及农村经济的发展

农业及农村经济作为我国国民经济的一个重要组成部分，主要是为国民经济生产生活提供农产品和原材料的，它们在国民经济发展中占有重要地位。农业风险的存在则使得广大农民的农业生产收益及其预期产生了很大的不确定性，不仅直接影响农业收益的稳定，同时也限制了农业经济及农村许多事业的发展。农业风险对农业及农村经济的影响主要有以下几个方面。

（1）通过影响农户生产行为而影响农业经济的发展

农业风险的存在使得农民的收益存在着很大的不确定性，这种不确定性又必然会影响到农民的生产行为，从而阻碍和制约农业经济的发展。例如，为规避频繁发生的自然灾害风险，农户常常会自发采取减少农业投资或增加非农收入的方法，而投资减少必然带来农业生产力下降，直接影响农产品的生产，而增加非农收入的方法则加剧了农民的非农化趋势，使得农村劳动力大量外出务工，农业生产劳动力减少，这就为未来的农业发展埋下了隐患。

（2）通过影响农业生产企业而影响农村经济的发展

这里所说的农业生产企业主要是指利用农业提供的原材料进行不同程度加工，从而为社会或下游企业提供产品或半产品的企业。由于农业风险的存在，农产品产量波动很大，一个大的自然灾害通常会造成农业严重受灾、减产甚至绝收，再加上农业生产的周期较长，因此保持农业产出水平的平稳对于农业生产企业拥有稳定的原材料来源至关重要，农业风险的存在也使得农业生产企业的原材料供给面临着不确定性，影响了农业生产企业的经营发展，进而影响到了农村经济的发展。

（3）通过影响农村金融等事业的发展而影响农业及农村经济

金融是一国经济的核心之一，在现代市场经济条件下，金融服务、金融资源对经济发展的巨大促进作用已得到各国的证明。同样，农村经济的发展也离不开农村金融的发展壮大，融资、贷款已成为促进农民发家致富、农村地区发展的重要推动力量。而由于农业风险的存在使得农民收入及其预期有很大的不确定性，金融信贷机构考虑到农民收入不稳定的情况，认为向其提供金融贷款的风险过大，从而拒绝向农民提供贷款，这样就造成了农民信贷的困难，这反过来又阻碍了农民生产投资和农村经济的发展。

3. 不利于国民经济的全面协调发展

农业是国民经济的基础，农业风险的存在使农业生产存在很大的不确定性，也给国民经济的发展带来了重要的影响，主要表现在以下三个方面。

（1）影响农产品或原材料的稳定供应

农业生产是一个生物体生长发育的过程，农业一方面为人民生活提供必需的粮食、蔬菜和肉类等农产品，另一方面也为我国工业的发展提供其需要的原材料。因此，农业风险造成的生产波动不仅带来了农民收入的不稳定，同时也给国民经济其他行业的发展和人民生活必需品的供应带来了消极影响。

（2）加重了政府财政负担

我国是一个自然灾害频发的国家，据统计，仅2019年我国全年各种自然灾害共造成1.3亿人次受灾，909人死亡失踪，528.6万人次紧急转移安置；12.6万间房屋倒塌，28.4万间严重损坏，98.4万间一般损坏；农作物受灾面积19 256.9千公顷，其中绝收2 802千公顷；直接经济损失3 270.9亿元。自然灾害给农业造成了巨大的损失，给国家财政带来了很大的负担。

（3）是全面建设小康社会和经济协调发展的"瓶颈"

中华人民共和国成立以来，尤其是改革开放以来，我国农业农村经济获得了快速发展，农民生活水平获得了极大提高，然而城乡经济发展不协调、农村经济发展滞后、农民收入水平低、农村基础设施落后等问题已成为我国全面建设小康社会和经济全面协调发展的最主要"瓶颈"。农业风险的存在造成了农业生产和农民收入的波动与不稳定，不仅阻碍了农村经济的发展，也使得城乡经济发展的不协调程度进一步加剧，给我国国民经济全面持续可协调发展带来了严重消极影响。

（二）农业风险的社会效应

农业风险的社会效应是指由于农业风险和农业遭受巨大灾害而导致的民心躁动、社会秩序混乱，此时全社会易陷入危机和瘫痪状态，严重时将危及政治稳定和政权巩固。农业风险的经济效应和政治效应通常密切相关，并相互影响。

在人类历史上，特大农业自然灾害都在很大程度上影响或决定着历史重大事件的进程。由于重大农业自然灾害的发生会严重损害农业的基础设施，从而导致农产品供给严重短缺，社会动荡；打击了人们对农业投资的信心，产生农业技术进步缓慢等消极后果。我国是一个人口大国，粮食安全一直是"天字第一号"的大问题。近年来国际粮价大涨，世界粮食储备降到了30年来的最低点，粮价持续飞涨已在30多个国家诱发粮食危机，甚至损害了当地经济增长并危及政治安全。在这种背景下，我国对粮食安全的担忧大为增加。在2019年10月国务院新闻办公室发布的《中国的粮食安全》白皮书中，2019年中国人均粮食占有量约470千克，高于世界平均水平，2018年谷物产量6.1亿吨，谷物自给率超过95%，稻谷和小麦产需有余，中国粮食自给率充足，完全能够自给。但是，这并不意味着我们可以高枕无忧，走私涌动、粮库亏空、耕地减少等一系列问题都摆在我们面前。

第四节　农业风险管理、识别、衡量及控制

一、农业风险管理的含义

所谓农业风险管理，是指运用适当的手段有效控制各种风险源，以使农业波动大大减少，并力图以最小的代价使农民获得最大安全保障的一系列经济管理活动。在整个农业产业链中必须建立农业风险管理体系，从农业生产前，到农业生产中，再到农业生产后，从而有效协调各个环节之间的风险管理措施。不同产业链环节的主要风险也有所不同，而且风险的作用方式也各不相同。人们可以通过剖析不同风险的作用机制，寻求有针对性的管理方式，然后科学地进行风险管理方式组合，最终更好地实现有效管理风险的目标。

二、农业风险管理的分类

农业风险管理措施可以从不同角度进行分类。从管理层次上，一般可以将农业风险管理措施分为微观风险管理措施和宏观风险管理措施；从管理方法上，一般可以将农业风险管理措施分为经济类管理措施和物质技术类管理措施；从风险来源上，一般可以将农业风险管理措施分为自然风险管理措施、市场风险管理措施、技术风险管理措施等。

三、农业风险的识别

农业风险管理的第一步是风险识别。风险识别是组织（企业）认识自己在哪些方面面临风险的过程，即在风险出现前或出现时，系统、连续地收集识别风险源、风险危害和风险损失暴露等方面的信息。

（一）风险源识别

风险源是指那些可能导致消极后果或积极后果的因素的来源。例如，当某组织（企业）决定在某地建设一个高科技种植园时，当地劳动力市场是否拥有熟练工人就是一个重要因素。如果进一步分析我们会发现，这一因素又可能源自一些环境变量：法制系统、经济结构和人文背景。

风险源可以进行不同的分类。按财产的所有权对风险源进行分类就有：物质风险源（如火灾）、社会风险源（如暴乱）和经济风险源（如通货膨胀）。然而，我们的任务是要识别所有类型的风险，威廉斯给出了一个包括各种可能的

风险源的列表：物质环境、社会环境、政治环境、法律环境、操作环境、经济环境、认识环境。

以上列出的风险源是任何一个组织（企业）都必须面临的，农业企业概莫能外，只是由于组织或企业的性质不同而风险形成的侧重有所不同。

1. 物质环境

物质环境是最基本的风险源。例如，地震、水灾等都可能造成损失。分析物质风险源的核心在于使人们充分认识周围的环境，并揭示环境的作用。当然，物质环境也可能是机遇的源泉，如晴朗的天气有助于农产品的收获。

2. 社会环境

风险的另一个来源在于社会结构和制度的不断变化以及由此形成的道德、价值观、行为方式等。当一个企业要开拓国际市场时，往往会遇到文化、习俗以及独特价值观和道德准则的冲突而带来很大的不确定性。除此之外还有潜在的社会动乱等。

3. 政治环境

政治环境这一风险源可谓十分重要。新上任的领导者可能会改变或采纳某一学派的政治主张，从而在很大程度上影响农业政策。政府的某些产业政策、货币政策、某些法规的修订等，都会在一定程度上使企业面临不确定性，从而可能会给其带来一些风险。

4. 法律环境

在一个国家的变革时期，司法系统存在相当一部分的不确定性和风险，不但奖惩标准不断变化，而且司法系统自身也处于不断变化调整之中，并会发展出一些新的司法标准。这些标准对农业企业来说很难事先预料的。在国际领域，因国与国之间法律标准有时大相径庭，情况会更为复杂，不确定性也更高。

5. 操作环境

操作环境是指企业在其生产经营过程中产生的风险和不确定性。包括生产经营过程中的不当操作或不正确使用设备、材料可能会造成的财产损失。

6. 经济环境

尽管看起来经济环境是政治环境的直接延伸，但是世界市场的规模扩张产生了一种超越任何特定政策环境的力量。某个特定的政府行为可以影响国际农产品市场，但是任何一个政府都无力控制这个市场，通货膨胀、经济衰退和萧条都会成为当今相互依存的经济系统中的风险因素。就本国而言，经济变革过程中的各种新政策的出台、市场经济的确立、政策调整、国家对农业支持和保护的力度变化、信贷政策、市场需求状况等都是农业面临的重要风险因素。

7.认识环境

任何一位管理者都不可能是全知全能的，很难做到完全理性和客观。即便一位管理者有良好的理论知识，但不一定具备良好的发现、理解、估算和测定风险的能力，风险产生的重要原因之一是理论和实践之间存在的差距。

风险识别是一项连续不断的工作，实际上风险识别的内容总是在不断变化的。因为组织及其经营环境随时都在变化，所以经常有新的风险出现；企业本身也会发生变化，如退出或进入某行业、企业之间的收购或企业破产等；此外，企业经营的政策环境也会发生变化，如政府法令和行政管理条例的变化；社会风尚、人的偏好标准的变化等。风险管理者的任务之一就是随时关注这些变化并分析它们对本企业的影响。

（二）风险识别的方法

风险不是一个一维的概念，没有哪一种方法可以同时达到所有的目的。风险识别的方法应该有多种，这便于企业选择最优的风险管理措施。同时，风险常处于不确定状态，一种方法难以揭示组织的全部风险。常见的风险识别方法如下。

1.环境分析法

环境分析法按照企业面临的内外部环境的系统分析，推断这些环境及环境变化对组织可能产生的风险与潜在损失的一种识别方法。农业企业的外部环境指自然资源环境、制度或政策环境、社会经济发展水平等；内部环境指企业内部的治理结构、企业管理水平及人员素质等。运用环境分析法，企业还应更具体地获得的信息有：产品的销售方式（直销还是间接销售）、产品的销售对象、谁是重要的原材料供应商、劳动资源的来源及合同或协议类型；企业对市场信息的掌握程度、产品在市场上的竞争力、竞争对手的有关情况等。

2.专家调查法

发现各种潜在的风险和损失是风险识别的主要任务所在。专家调查法在此过程中具有特殊意义，这是因为：①由专家组织小组，实地调查了解情况，然后讨论、分析，并从多个角度识别企业潜在的风险；②在决策过程中可以集中众人智慧进行科学预测，对各种反应进行统计处理和带有反馈性的反复测验，使风险识别更具客观性和科学性。

3. 分解分析法

分解分析法是将复杂的事物分解成容易被识别的简单事物，将大系统分解成若干个小系统，识别可能存在的各种风险与潜在损失的方法。例如，可将农业风险分解为自然风险、市场风险、政策风险、技术风险等，再在这一基础之上进一步分析和分解各个因素。

4. 背景分析法

该方法可以通过有关数字、图表、曲线等，描绘某一事件或企业某种状态，从而识别引起风险的关键因素及影响程度。这一方法在西方国家比较常用，它注重说明事件发生风险的条件和因素，还能说明当某些因素发生变化时，将会导致哪些新的风险及风险后果。这种方法的优点是：可全面筛选、监测和诊断风险与有关损失事件，达到全面认识风险、识别风险的目的。

（1）筛选

筛选是指按一定程序划分潜在的风险，进一步分析已经识别的潜在风险，筛选归类风险发生的不同可能性和后果，以利于管理者对处理不同风险的方式进行更加有针对性的选择。

（2）监测

监测是在风险出现后观测、记录和分析事件、过程、现象、后果，在筛选可能会引起风险的因素和各种事件的基础上，监测风险事件和风险因素，关注其发展和变化趋势，及时提醒人们下一步应采取的行动。

（3）诊断

诊断可以判断和评价风险及损失的前兆、风险后果，找出主因并进行验证。诊断的目的是在决策制定和实施前对风险加以了解，如哪些环节最易发生风险、风险可能引起的最坏结果是什么，使决策者可以制定切实可行的风险防范措施。

四、农业风险的衡量

风险衡量，也称风险估算。如果说可能出现何种风险是风险识别所要解决的问题，那么风险究竟有多大就是风险衡量所要解决的问题。

（一）农业经营风险的度量方法

概率分析是现代风险分析的基本方法。概率是指事件发生的可能性，通常以出现某一事件的次数与各种可能出现的随机事件的次数总和来表示。依据定义，任何随机事件发生的概率均在 0 与 1 之间，越是接近于 0，该事件发生的可能性越小；越是接近于1，该事件发生的可能性越大。一事物所有可能发生的随机事件的总和应等于1，如果把所有可能发生的事件或结果都列出来，而且每一事件都给予一种概率，便构成概率分布。概率分析就是以各种明确定义的随机事件的概率分布来表示经济行为人行动的可能结果。它不仅可以显示经济活动中涉及的风险因数和不确定性因数在未来可能出现的多种情况，而且还可以考察这些情况出现的可能性。

如果根据某些随机现象性质的分析，人们发现这些随机现象符合一定形式的概率分布，便可以一定的数学模型来描述所研究的随机现象，这使计算大为简化。正因如此，经济学家建立了各种可将风险分析纳入其中的数理模型，使传统风险管理发展为现代风险管理。运用概率对风险加以分析的关键是要对项目的期望值进行计算，并确定各随机变量的概率分布集中与分散程度。一般来讲，经济计量学会采用方差或标准差来度量观察值与期望值的偏离程度；还可以用均方差或标准差来计算实际收益与预期收益的偏差，以表示农业风险的大小。通常而言，标准差与收益具有相同的单位，很容易比较风险和收益的大小。

标准差（均方差）是衡量随机变量概率分布离散程度的指标。当两个或两个以上的活动的期望净现值或收益相近时，标准差小，表明概率分布集中，实际可能的结果与期望值接近，实际值低于期望值的可能性小，所以风险较低；相反，标准差大，表明概率分布分散，实际可能的结果偏离期望值远，实际值低于期望值的可能性大，所以风险较高。

（二）农业风险大小的定性估计

标准差衡量的风险只注意到了可以量化的不确定性，即外生不确定性。经济内生变量决定的内生不确定性，由于变量太多和变化规律性不明显而无法量化则人们对其不给予注意并进行管理，这样我们便不能够全面认识风险。随着农业经济的发展，内生不确定性越来越大，其作用也越发强烈，所以也会产生越来越大的风险。

所以，对于不可量化的风险，这类损失发生的概率可采用定性方式。例如，①不会发生风险事件；②轻度发生，可能会发生风险事件，但现在发生不太可能，或在将来某时发生；③中度发生，已发生过一次风险事件，但预料将来某时还会发生；④高度发生，多次发生的风险事件，预计将来仍会经常发生。

五、农业风险的控制

在风险分析即风险识别与衡量的基础上，农业经营者所要处理的问题就是要寻找有效的风险管理工具去处置风险，这是风险管理的实质性步骤。农业风险控制就是回避风险、防止损失，在发生风险时努力减少对组织的负面影响。有效的风险控制应该减少农业组织的风险暴露。更准确地讲，风险控制包括为了避免风险、防范风险、减少或控制风险的损失频率和损失幅度所使用的技术、工具和程序。

（一）风险回避

农业经营组织预见到某些风险损失的存在或发生的可能性，会做出杜绝使用某些财产、限制某些人从事某些活动，或完全放弃和拒绝某些方案实施的决定。前一种回避风险的方法称为前摄性回避，后一种称为放弃性回避。

在农业风险管理中有许多前摄性风险回避的例子。例如，某农业企业准备采用一种新的技术，由于这项技术对使用者的操作技能要求很高，所以失败的可能性很大。尽管农民打算购买保险，但几乎没有一家保险公司愿为其承保或保险公司索要的保费远远超过了农业企业愿意支付的范围。最后，该项计划只好终止。

放弃性风险回避虽不如前摄性风险回避常见，但也时有发生。例如，某农场生产的某种农产品产生严重的副作用，该农场可能会马上停止该产品的生产；或某企业发现养鱼塘周围的居民中有很多小孩，就可能将鱼塘改作他用等。

回避风险是控制风险的有效方法。农业企业可以明确知道风险不可能发生，企业也不承受某些潜在风险，但回避风险的方法并不是任何时候都可以采用的。

首先，采用回避风险的方法虽然可以使行为主体遭受损失的可能性降低为零，但同时也使获利的可能性降低为零。如果处处回避风险，企业便会丧失一切可以从潜在风险中获利的机会。

其次，并不是所有的风险都可以回避，如系统性风险是任何人类行为所不能回避的，除非什么都不干。

（二）风险抑制

风险抑制即在不能对风险进行有效回避时，设法降低风险发生的概率和减少经济损失的程度。风险抑制是经营者在风险分析的基础上实施风险对抗的积极措施，按照风险控制措施的作用时间其分为损失防范和损失减少。一般用减少损失发生的频率和减少损失的程度来控制风险。损失防范的目标是减少损失发生的次数（频率），或完全消除损失的可能性。损失防范活动大多是通过改变风险因素、改变风险因素所在的环境、改变风险与环境相互作用机制来实现防范风险的目的。

（三）风险自留

当某种风险不能回避而冒此风险可能获得较大收益时，经营者可将这种风险自己保留下来。风险自留有两种情况：一种是消极的非计划性自我承担；另一种是积极的或计划性的风险自留。前者包括那些没有意识到的，因而没有风险处理准备而产生的风险自留。那些明知存在风险且不可回避，却找不到适当的处理办法，或因自己担风险比其他处理方法更为经济，将风险保留下来的处理方式则属后者。风险是否自留，应充分考虑企业的经济能力，把自留风险控制在企业能力范围以内才是明智的。

（四）风险转移

作为一种风险控制手段，风险承担者会通过若干技术和经济手段将风险转移给他人承担。风险转移的方法有保险转移或非保险转移两种：前者是经营者向保险公司投保，以交纳保险费为代价，将风险转移给保险公司承担，当发生问题后，由保险公司按约赔偿；后者是利用其他途径向他人转移风险。

风险转移的内容有两种：第一，转移会引起风险及损失的活动，即转嫁那些可能遭受损失的财产及有关活动，如实物资产或货币资产交由信托投资公司代为管理；第二，转嫁风险及损失的后果，而不是财产本身。上述类型的风险转移都属于非保险风险转嫁，是组织风险管理的重要手段。

（五）风险分散

投资者通过投资许多项目或持有许多公司的股票消除风险。这种以多种形式持有资产、采取资产多元化组合的方式，可以有效避免持有单一资产而发生的风险，以抵消未来损失或防止收入降低，这样投资者的投资报酬就会更加稳定。在农业生产或经营过程中，农民可以采取不同的投资组合，如在种植之外打工或搞副业，以此增加收入来抵消未来可能出现的损失。

六、管理成本与风险成本的权衡

风险和不确定性对农业经营者有着重要的影响，因为它们会增加经营者的成本（常称为风险成本）。风险成本是因为存在风险而由农业经营者承担的成本，其中最主要的成本就是"损失成本"，如财产损害、人员伤害或制度改革使组织或个人处于不利地位；其次是"不确定性自身成本"，即没有任何损失发生，但不确定性和风险存在就会导致一定损失。对个人来讲，即便没有损失发生，但由于对风险和不确定性的厌恶或恐惧会有购买保险费的成本。对组织来讲，不确定性成本表现为由于恐惧和不安心理而使资源不能合理配置。换言之，不确定性影响着农业经营者的决策或由于害怕财产损失而使组织不能最合理地分配资源。因此，农业经营者要对风险进行管理，以期回避、减少或转移风险并最终减少风险成本。

然而，农业经营者的风险管理活动会产生管理成本。哪怕是最简单的购买保险行为，也会有支付保费的成本，更不用说构建专门的风险管理机构从事全面风险管理活动所需负担的成本。因此，理性的个人就会在风险成本（损失）和管理成本之间进行权衡。

从理论上讲，第一，风险管理成本曲线的弹性大于风险成本（损失）曲线的弹性，也就是说，每提高一单位的风险管理水平，所引起的风险成本（损失）的减少量要多于相应增加的风险成本。因此收益有可能增加，用 M 表示风险管理，即有下式。

$$\frac{\Delta M_c}{\Delta M} < \frac{\Delta R_c}{\Delta M}$$

第二，当风险管理所减少的风险成本（损失）大于风险管理程度提高而增加的成本时，风险管理行为就会产生。当边际风险管理成本与边际风险（损失）相等时，调整过程结束，处于均衡状态。这时，组织可获得预期收益，这是风险管理的基本动力。

风险管理成本包括①设立风险管理机构的行政管理费用；②识别、分析、评价有关风险因素的信息费用；③选择风险管理方案的谈判费用；④监督方案实施的监督费用；⑤决策方案实施执行的执行费用等。

第二章　农业风险的可保性与农业保险

长期以来，关于农业风险的可保性与农业保险研究，一直困扰着理论界和实务界，由于我国在推行农业保险的过程中出现了大量的问题，经营长期处于亏损状态，很多地区农业保险曾一度停止，作为农村保障体系重要组成部分的农业保险的重要作用得不到发挥，因此人们很有必要对我国农业保险相关概念、问题进行讨论，以更好地开展相关研究。本章分为农业风险的可保性、农业保险概述、农业保险的属性、农业保险的功能与作用、农业保险的险种与产品五个部分。

第一节　农业风险的可保性

一、农业风险的可保性概念

农业风险的可保性是指从保险的角度出发，来对某一种农业风险进行衡量，确定其是否能够被作为保险责任而被承保的特性。一方面，若是被保险人确定一种农业风险，是可以作为保险责任承保的，这时就将其称为可保农业风险；另一方面，与可保农业风险相对应的就称为不可保农业风险。农业风险的可保性是一个相对的概念，即随着时间、技术、经济、思想观念等因素的改变，原来被认为不可保的某些风险可能变成可保风险，而一些目前可保的风险将来也可能变成不可保风险。

二、农业风险的可保条件

（一）必须是纯粹风险

纯粹风险，即风险的发生只会造成损失而不会带来盈利。人们通过保险在约定农业风险发生且造成损失时得到经济补偿，而不能因此而获得额外利润。这是因为，保险不是投保人用以赚钱的手段，它只是一种补偿"不可抗力"因素造成的损失的方法。

（二）保险费必须合理且费率不能过高

关于风险标的要适合承保的重要条件之一就是其必须满足经济上的可行性，简单来讲，就是所支付的保险费应合理，即所支付的保险费要注意不能过高。从可保性的角度出发，农业保险面临的最大问题就是农业保险的保险费率过高，这一问题在多重风险中更为严峻，这是由农业自身所面临的风险造成的。要想确定保险纯费率，必不可少的一项基础就是农业标的损失率，那么农业风险的高损失率必然带来高费率。而在养殖业保险中，损失的概率一般会更高，有关专家在对陕西西安地区的奶牛死亡率调查中发现奶牛的平均死亡率为2%～16%，其中犊牛死亡率为12%～16%，成年母牛死亡率为3%～5%。相对而言，单一风险的农业保险如雹灾保险的费率相对较低。

关于农业保险的高费率，一方面体现在高损失率上，另一方面体现在高费用率上。农业保险标的工作的开展存在着很多问题，难度主要集中体现在我国农业地区在地域方面非常分散；在承保、理赔时间方面，比较集中，有着非常强的季节性，地域广阔，点多面广，这就为相关工作带来了重重阻碍。此外，在我国许多农村地区，还存在着交通不便、通信落后的客观问题，在实施有效的风险控制的过程中，或者是在实施有效的业务管理措施时，要想实现工作目标，就必须投入大量的成本。

在国外，部分国家在开展农业保险时，他们所提取的农业保险费用的比例，有的占理论纯保险费用的35%～40%，这是比较高的比例，实际上通常是在15%～25%。在农业保险费率中，业务费率的占用比例若是较高，必将会使农民的保费支出负担进一步被加大。

决定着高费率的因素主要有两个，一是农业保险的高损失率；二是农业保险的高费用率。根据国内外的农业保险实践可以得知，即使是最低的农业保险的费率也在2%以上，而最高的农业保险的费率为15%～20%。农业保险的费率相较于一般财产与人身保险的费率而言，显然要高出十几倍乃至几十倍，农民在确定是否参与农业保险时，面对如此高的费率，必将会消减参与的欲望。

（三）存在大量具有同质风险的保险标的

保险经营的首要原则就是要满足大数法则。大数法则的概念简单来讲就是同一农业风险要想实现分散风险，就要达到足够数量，并且就这些事件而言，应当是相互独立的。不管是哪一种保险险种，都需要大量保险标的的存在，只有这样一方面可积累足够的保险基金，使受险单位能获得十足的保障；另一方面能保证风险发生的次数及损失值以较高的概率集中在一个较小的波动幅度内。

农业保险可能会造成的现象是，在某一地区小范围内，若是参加农业保险的农户越多，相应的要想实现风险分散就越发不容易，这是由于农户越多将会导致风险单位变得越大，若是出现旱灾以及洪水等事故给农业造成较大损失的情况，风险损失反而越大。也就是说要想对农业进行保险，就不能只是小范围展开，只有在一个国家、一个省诸如此类的大范围展开，才能实现风险分散。总之，农业保险在一个国家，甚至是在世界性范围内展开，是十分有必要的。

（四）不易通过其他途径予以避免的风险

某些可以通过其他手段较为容易和较为经济的加以避免的农业风险，不宜承保。比如，农作物某些病害、虫害，可以通过改良品种或施放化学药剂等防治手段加以控制，一般不适宜承保，否则投保人在保险后会放弃灾害防治，放任灾害发生，但仍能得到保险补偿，这样不利于农业保险的发展。

（五）风险的不确定性和造成的损失程度较高

风险必须是不确定的（即偶然的），这是保险的首要条件。不确定性和风险事件发生的概率相关，当概率为 0.5 时，不确定性达到最大限度；当概率从 0.5 减少或增加时，不确定性减少；当概率为 0 或 1 时，就没有不确定性了。一件百分之百要受到损失的标的，就不适于保险。同理，损失机会很小时，也不适于保险，如海南岛的农民不会为其农作物投保暴风雪灾害保险。另外，如果风险发生后造成的损失引不起人们的注意，或者说，未给人们造成很大的经济损失和不便，那么为此风险投保的人就会很少，保险交易就不可能发生。

（六）农业风险损失必须是可以确定和测量的

损失是可以确定和测量的，这是指损失发生的原因、时间、地点和损失金额都可以被确定的。因为在保险合同中，对保险责任、保险期限等都做了明确规定，只有在保险期限内发生的、保险责任范围内的损失，保险人才负责任赔偿，且赔偿额以实际损失金额为限，所以损失的确定性和可测性尤为重要。

第二节　农业保险概述

一、农业保险的概念

农业保险是指保险机构以农业保险合同为依据，对被保险人在包括种植业、林业、畜牧业以及渔业生产中，由于灾害和意外而发生保险标的损害，导致被保险人的财产损失，对此承担赔偿保险金责任的一种保险活动。其中保险机构是指保险公司以及依法设立的农业互助保险等保险组织。

对于农业生产者来说，农业保险是转移农业风险的财务手段。农业是人类劳动的产物，同时也是自然再生产和经济再生产密切结合的产物。农业生产包括植物生产和动物生产两大基本部分。无论农业生产技术发展到何种程度，农业生产都离不开地理环境这个基础，动植物的生存受生物学规律的支配。生物的生活规律无不同自然环境有着密切的联系，而组成自然环境的各要素在空间上的地域性差异和在时间上的季节性、周期性变化的特点，必然要反映在农业生产的各个方面，使其也具有地域性、季节性和周期性。同时，农业生产的发展在很大程度上也要受到社会经济条件的制约。

关于农业，其性质述说起来是人类与自然界之间实现物质交换的重要过程，是一项基础性产业，而构成农业发展的自然风险的因素，就是自然界的非常规性变化，以及自然界的非常规性运动。而农业发展的经济风险就是当市场经济作用于农业时，市场经济固有的风险也会随之加注到农业之上而出现的风险。

正是由于农业生产的特征，即自然再生产和经济再生产二者相互交织，造成了农业生产过程不仅有着较多的风险类型，还有着范围广、程度深、不可忽视的特点。所有的生产投资都可能因一次自然灾害而全部损失掉，同时自然灾害还具有一项人们不可忽视的特点，那就是可能周期性发生，若是只依赖个人力量，由自然灾害而带来的损失是无法避免或消除的。由此可见，一个既具备专业化，又具备社会化特点的农业风险保障机制的引入重要性。农业保险可以说是非常重要的农业风险制度之一，合理展开各种保险业务，同时针对一些农业农害展开预防和控制，通过有效措施来保障农业生产和农民生活，使它们不被各种灾害所影响，这些都有着非常深远的意义。

二、农业保险的特点

（一）较强的地域性

由于农业生产及农业灾害的地域性，农业保险同样有着很强的地域性，也就是说农业保险在诸多方面，如险种类别、保险期限以及标的种类等，除了表现出在某一区域内的相似性之外，还表现出在区域外明显的差异性。例如，同样是棉花种植保险条款，山东和新疆在保险责任起止日期、保险责任范围、保险费率等方面存在很大差异。即使是在一个县、一个乡，甚至是一个村内，农业保险的地域性也表现得很明显。为了适应这一特点，农业保险发达的国家，关于农作物保险的风险区划，以及农作物保险的费率区划，已经非常细化，即达到了县、村或农场的水平。

（二）明显的季节性

不管是农业生产还是农业灾害，它们本身便有着强烈的规律性和季节性，这两项特征影响着农业保险，使其在展业、承保、理赔以及防灾防损等方面都有着明显的季节性。例如，农作物保险一般是春天展业，秋后待农作物收获则责任期结束。农业保险的季节性特点决定了农业保险也要讲农时，也就是在农业保险的诸多环节中，人们一方面要注意遵守保险经济规律，另一方面要注意按农业生产的自然规律办事，要对农业生产的季节性变化特点有一个较为充分的把握，并以此为依据来开展业务，组织业务管理，使农业保险的各项技术活动开展得恰到好处，从而取得最佳效果。

（三）保险标的生命性

农业中的生物学特性制约着农业保险，使农业保险与其他财产保险之间有着明显的不同，并主要体现在以下六个方面。

第一，农业保险标的价值具有最终确定性，相较于财产保险，农业保险不管是在保险金额方面，还是在定损时间方面，都与之不同。不管是收获时二次定损，还是变动保额，都归属于农业保险。

第二，对于农业保险业务的开展而言，要依据农业保险标的生命周期、生长规律而制定相关承保、理赔工作，也就是为农业保险相关工作的展开划定了时间前提，开展保险相关工作时，必须要遵守这些规律，不能违背。

第三，由于农产品有着明显的鲜活性特点，导致农业保险的受损现场无法长时间保存，极易消失，这也就给农业保险勘察工作带来了阻碍，不管是对查勘时机，还是对索赔时效，都会造成约束。在发生灾害后，若是保险人不能尽快、及时地报案，就会失去查勘定损的时机。在农业保险合同方面，若是没有在时效性方面有所约定，那么就必将会导致保险人经营的风险加大。

第四，在一定的生长期内，当农业保险标的发生损害之后，具有一定的自我修复能力时，就加大了农业保险的复杂性。

第五，农业保险标的赔偿标准无法实现统一，这是因为农业保险标的种类繁多，生命规模更是不同，它们更是有着不同的抵御自然灾害以及意外事故的能力。

第六，农业保险易受道德风险的影响，这是因为农业保险会受到市场信号反映滞后，以及市场风险较高等自然再生产过程的约束。因此，保险人必须在保险合同中设立防范道德风险的条款。

总之，由于有生命的农业保险标的受到自然再生产的规律的制约，使农业保险的运营和管理与一般财产保险有很大区别。农业保险的经营者必须顺应这些规律的约束，如果照搬财产保险的规则，往往是徒劳和有害无益的。

（四）经营结果的周期性

农业保险是对农业灾害的一种风险管理方式，而大多数种类的农业灾害都具有明显的周期性，这就使得农业保险的经营结果具有某种周期性的特征。其表现为在无大灾的年份某农险种的赔付率不高，但在大灾年份则出现严重超赔，而大灾年份往往同农业灾害的周期性密切相关。

农业保险经营结果周期性特点表明，不能单独以某一年份赔付率的高低说明农业保险（尤其是单险种）经营结果的好坏，而是要从灾害周期的时间跨度去评价农业保险的经营成果。这就决定了：①农业保险的开办和参与应当是连续性的，至少要超过当地农业风险的一个周期，否则农业风险难以在时间上分散；②农业保险的会计期间应当同农业风险的周期相适应，以真实地反映农业保险的经营损益，如可按照我国农业风险"两丰两平一歉"的总体规律，将农业保险的核算办法做相应的调整。

三、农业保险的要素

（一）保险人要素及保险标的要素

1. 保险人要素

保险人是指在保险市场上，主要提供各类保险商品，以及针对他人风险进行承担和转移的各类保险人。保险人在保险市场上，往往以各类保险组织形式出现。常见的保险人有私营保险人及合营保险人等。这些保险人通常由国家相关部门审查，只有被审查认可，并且是获准专门经营保险业务的组织才能作为保险人。此外，农业保险人则专指经营农业保险的专门机构，可以是农业保险机构，也可以是政府规定的代理机构。

我国目前经营农业的保险机构主要有：①专业经营农业保险的保险公司，如上海安信农业保险股份有限公司等；②含有农业保险的其他保险公司（如中华联合财产保险公司）、部分省市和地区的中国人民财产保险公司（如义乌市支公司）以及外资农业保险公司（如法国安盟保险公司）等。

2. 保险标的要素

农业保险中的保险标的要素主要是指农业作物。而农业作物主要分为两类：一是特种农副产品；二是常规农副产品。前者是指特种养殖和种植，它们通常具有较高的附加价值和本体价值，同时商业化程度较高，并且在市场运作方面较为成熟。后者是指传统农副产品，即在农林牧副业中包括油、猪、牛、粮、棉等在内的农副产品，这一类产品往往产量较高，有着较为成熟的技术，但往往价值不高，但有些产品属于国家战略贮备。

（二）风险因素要素及保险费率要素

首先，风险因素要素是指农业作物在其生产周期，包括生产或收获过程中，由自然灾害或意外事故而给农户带来经济损失的一种可能性。其次，保险费率要素是指保险人为承担保险责任，面向投保的农业生产人以一定的规定来收取的费用比率。

整体而言，相较于商业保险的基本要素而言，农业保险并没有较为明显的区别。但是，由于农业保险不仅在保险标的方面上有着特殊性，还在受益人和受保目的方面有着明显的特殊性，而正是由于这些区别于商业保险的特点决定了其与商业保险必然有着很大的不同。

四、农业保险的科学表述

在我国，农业保险经历了几十年的发展，可以说是几经起伏，但是农业保险还依然没有被广大民众所熟知，民众对于农业保险的概念还是比较陌生的。有部分人将农业保险视为保险标的为农作物的保险，也就是说认为农业保险与一般商业保险并没有什么区别。还有部分人认为农业具有较高风险性，农业保险在现实中难以实施。

（一）农业保险的政策属性

1. 从经济学角度进行分析

农业保险属于一种准公共物品。在商品领域，农业保险可以说是比较独特的，农业保险不仅有着较高的社会效益，同时还有着较低的自身经济效益，这决定了农业保险有着明显的公益性。此外，农业保险还具有一定的排他性，简单来讲就是投保人要想参加农业保险，一是必须符合一定的条件；二是必须缴纳一定金额的保费。所以它不完全是一类私人物品，也不完全是一类公共物品，可以将其划到准公共物品的范畴中。从经济学的理论的角度出发，市场机制所具有的作用，只有在全部商品都是私人物品时才可充分发挥出来，所以作为公共物品的农业保险，应当由政府介入并保证供应，在具体的实践中应将农业保险的性质定位为政策性保险。

2. 从农业保险的实践角度来分析

从农业保险的实践来看，农业保险的政策性主要来自两个方面。

（1）农业保险的供给不足

导致农业保险供给不足的原因主要有农业保险的高风险性、农业保险的高成本以及农业保险标的规模巨大所导致的高额赔付。首先，农业保险具有高风险的特性；其次，农业保险成本很高；最后，农业保险标的风险大，必然导致高赔付。

（2）农业保险的需求不足

农业保险不仅经营成本高，而且产品成本也高，因而导致其价格较高。一般来说，除了设施农业、精细农业之外，农业生产的预期收益较低，农业保险的消费者即农民的收入水平相对较低，尽管有不少从事精细农产品生产的农民有投保的愿望，但由于高价格的限制使得其从总体上看，农民对农业保险缺乏有效需求。如果没有政府的补贴，目前的农业保险市场是难以发展的。

（二）关于国内外农业保险的比较

近年来，随着我国"三农问题"（即农业、农村和农民问题）的日渐凸显和迫切需要，农业保险也逐渐被理论界和实践界认同为解决"三农问题"的、一种有效的农业风险补偿机制或手段，而成为国内外学者研究的一个热点领域，并形成了"关于农业保险概念"的多种解释，学界对此至今尚未达成一致的理解和认识。黄达等人将农业保险定义为：对种植业、养殖业、饲养业、捕捞业在生产、哺育、成长过程中因自然灾害或意外事故所致的经济损失提供经济保障的一种保险。郭晓航、王延辉、刘京生等人认为农业保险是关于种植业和养殖业的保险。谢家智把农业保险界定为动植物的生命保险，或者说动植物生命保险是农业保险的核心。

（三）农业保险的范围

当前我国的农业保险经营已不能满足农村和广大农民的需求，中国既要鼓励现有的商业保险公司开发农村和农业保险业务，也要引进在农业保险方面有专长的外资保险公司，形成多种形式、多种渠道的农业保险体系。农业保险标的范围也称保险范围，是农业保险所承保的所有标的的集合。农业保险标的范围可以概括为：与种植业和养殖业生产相关的财产本身，以及与财产有关的利益和责任等，如农作物、林木、牲畜等。

第三节　农业保险的属性

尽管政策性农业保险试点工作取得了一些成效，但尚处于起步和试点阶段，还存在着诸如险种不足、覆盖面窄、政府方面支持不够等较为突出的问题。整体而言，我国的农业保险，在供给水平方面依然很低，离服务"三农"、从金融上支持社会主义新农村建设的要求差距很远。其供给水平低的根本原因是在认识属性方面缺乏明确的认识。关于农业保险的性质的研究，不管是国内学者还是国外学者主要存在着两种相反的结论。首先，大多数学者将农业保险产品视为一种具有正外部性的物品，将其置于私人物品和公共物品之间。其次，少数学者将农业保险视为私人物品。

国内学术界多数学者认为农业保险是准公共物品。第一，李军认为农业保险并不是私人物品，而是一种准公共物品。第二，在刘京生看来，农业保险具有两重属性，那就是商品和非商品两重性。第三，庹国柱和王国军提出，农业保险这一物品介于私人物品和公共物品之间，但是就其属性而言，则更多的趋近于公共物品。第四，冯文丽和林宝清二人从福利经济学的角度出发，展开了对农业保险的论证，认为它是一种准公共物品，同时在他们的研究中，还揭示了农业保险具有两种特性，一种就是生产的正外部性，另外一种就是消费的正外部性。第五，在陈璐看来，农业保险就是一种具有利益外溢特征的产品，并将其称为混合产品中的第三种类型。第六，黄英君依据其研究，提出农业保险不仅不属于纯粹的公共物品，还不属于纯粹的私人物品，认为农业保险具有两种特性，即不完全的排他性和竞争性，将农业保险视为具有准公共物品的特性。

纵观诸多学者对农业保险的观点我们可以得知，他们都认为农业保险是一种准公共物品，介于公共物品与私人物品之间，认为农业保险不仅不是公共物品，同时也不是私人物品。

作为介于公共物品与私人物品之间的一种准公共物品的农业保险，其属性究竟是更加接近哪一类物品，究竟是私人物品还是公共物品，以下就做简要分析。

农业保险有着明显的双重性特点，也就是说投保者只有在缴纳保费参加农业保险，并且是在出险后，才能获得因灾害而造成的损失的补偿金，即得到保险金赔付，相应的，若是不投保者则不能享受。依据保险的经济理论我们可知，防灾防损只是保险的一种派生职能，并不是基本职能，而保险的基本职能是损失补偿，这一职能的发挥前提是农户加入农业保险体系，否则就无法得到保险赔付。

农户购买农业保险产品之后，就意味着一旦发生灾害造成损失，其就享有得到补偿的权利，并且农业保险除了具有完全的竞争性之外，还具有明显的排他性，此外还具有私人物品的属性。除此之外，对某些农业保险品种来说，它们主要表现在间接消费上，在这种状态下，即使农户并没有相关农业保险，也能享受到由防灾防损措施而带来的诸多好处。这体现了农业保险在消费上的属性，那就是，首先更加接近私人物品，因为其具有明显的排他性，然后才是某种公共物品特性。总的来说，农业保险是一种更接近私人物品的准公共物品，也就是所谓的具有较强私人物品性质的一种准公共物品。

第四节　农业保险的功能与作用

一、农业保险的功能

农业保险作为一种不同于商业性保险的政策性保险，主要具有以下两种功能。

（一）处理农业非系统性风险的重要财务手段

农业保险是一种重要财务手段，主要用于处理农业非系统性风险，即农业保险具有一般保险所共有的分散危险、损失补偿的功能，这是农业保险最根本的功能。

首先，不管农民是否懂得或意识到农业保险是管理农业风险的一种方式，农户在参加了农业保险之后，就可以通过少量的保费支出来将包括自然灾害在内的不可预料的农业风险损失进行转移，将其转移给保险公司，一旦发生灾害损失，就可以获得由保险公司提供的损失补偿，在这之后就可以逐渐形成现实的互助性风险保障。

其次，保费支出属于农业生产经营中不可缺少的一种成本费用，农民缴纳的保费被纳入生产成本，并且这一成本主要由社会来负责分担，这样一来就能以全社会的力量为依据，实现稳定农民生产和生活的目的，最终实现促进农业发展。此外，为实现这一目的，除了需要建立起可靠的农业风险保障之外，还要建立农业灾害补偿的经济制度。

农民在遭受灾害之后，不管是通过农业保险的方式，还是通过灾害救济的方式，都可以获得一定程度的经济补偿。而农业保险和灾害救济两者的区别主要体现在：前者是一种事前工作，并且是一种有偿的风险管理，而后者是由政府以遇险后的农业经营者为中心，对他们提供的一种事后并且免费的道义救济。灾害救济对于没有购买农业保险的农户来说有着重要的意义，除了有助于减轻农民灾害损失之外，还有助于农村社会的安定。

从风险管理的角度来看农业保险，相较于灾害救济制度而言，农业保险更有优越性，因此农业保险并不能完全被灾害救济所取代。灾害救济是一种以政府为主体而展开的道义救济，农户无法决定救济金额的发放与否以及金额多少。对于农民来说，在发生灾害后，他们是否能获得补偿，以及可获得的补偿数额多少，是完全无法确定的，因此也就不能实现农业保险的功能，即既不能降低农民风险预期，也不能使农户的风险恐惧感得到消减。

而在农业保险中，农民仅需缴纳少量的保险费，在出险后，农民就可获得赔偿，也就是事先确定的保险赔偿金。农业保险一方面可以使农民的机会损失成本降低；另一方面还可以使农民投资的风险预期得到消减，从而实现提高农民生产积极性的目的，同时还可以提高投资的积极性。

此外，对于农业保险而言，灾害救济所具有的免费补偿性质将会对农业生产产生一些负面影响，这一点在自愿保险情况下则会表现得更加明显，灾害救济的方式容易带给农民侥幸和依赖心理，这样就会消减农民参加保险的积极性。总的来说，在平衡农业保险和灾害救济之间的关系时，首先应该是农业保险，其次才应该是农业救济，要真正做到寓救济于保险之中，而用救济取代保险的做法并不是正确的。

（二）政府实施收入转移政策的一种有效途径

农业保险领域的收入转移政策途径功能是指政府通过农业保险保费补贴等形式作为实施途径对农民进行收入转移。各国农业保险经营经验表明，农业保险的弱可保性、双重正外部性、系统性风险、信息不对称及价格难题等决定了农业保险的独特性，单纯由市场机制来对农业保险展开资源配置将会带给农业保险一系列的问题，除了容易造成农业保险需求不足之外，还容易导致供给短缺及市场失灵。并且农业保险在市场失灵的情况下，其所具有的危险处理财务手段功能并不能得到较好的发挥，以此实现农业风险管理的难度较大。因此，政府对农业保险进行补贴，促进农业保险的边际私人收益以及边际社会收益是促进农业保险发展的一项重要措施。若是政府不采用农业保险补贴的方式，除雹灾险等单一险外，将会发生商业性经营的多重险难以为继的现象，其必然会以失败告终。

在其他国家，如美国和加拿大，在以往的农业保险实践中都有过类似的经历。总结这些经验，我们可以得知，若是没有收入转移政策来为农业保险提供支持，那么其就很容易陷入市场失灵境地，甚至会发生难以为继的现象。农业保险作为危险处理财务手段所具有的功能，若是受到风险管理难度较大的阻碍，必将难以实现。

根据罗伯特 C.默顿的金融功能主义，农业保险的模式直接影响着农业保险的发展模式和发展方向。但根据委托—代理模型，双目标激励有可能造成跛行体制，故如何界定政府与市场的边界就成了关键问题。

二、农业保险的作用

（一）农业保险的宏观作用

1. 有利于增强粮食安全

农业保险的各项保险功能：首先，可以聚积建立庞大的农业风险基金；其次，有助于农业生产迅速恢复，同时还可以使农业风险对农业生产而带来的不利影响，得到最大程度的消减；再次，可以使农业灾害损失得到有效、及时的补偿；最后，一方面有助于国内农产品供给和价格的稳定，另一方面可以使农业持续健康发展以及使粮食安全得以保障。

2. 有利于加强农业保护

农业相对于其他产业而言，具有先天弱质性的特点，是刚刚起步的幼稚产业，但同时对于一国的粮食安全和国家安全至关重要，对国民经济发展也具有很强的正外部性，从而在经济发展中具有非常重要的战略地位，政府需要对农业实施保护政策。因此，无论是农业大国，还是农业小国，其政府都对农业采取了各种的保护、扶持措施，以加强粮食安全，提高农业生产率，进而提高本国农业的国际竞争力。

此外，农业保险补贴相较于其他农业补贴政策而言，前者具有杠杆作用，意义更大。农业保险补贴这种由政府为主体出资进行保险费补贴的手段，一方面有助于提高农民的缴费能力，调动农民购买农业保险的热情；另一方面，在农户发生灾害损失的情况下，由保险公司这一主体来负责对农户进行赔付，保险公司所赔偿的金额应该接近农民再生产启动资金。当农民有了再生产保障之后，除了能降低农民的投资风险预期之外，还可以降低贷款机构的信贷风险预期，从而可以促进我国的农业产业化，加速其产业化进程。

总而言之，从某种角度来说，农业保险补贴其本身所具有的数量意义已经有所提高，可以说其作用已经真正实现了"四两拨千斤"，不仅对于国民经济有着杠杆作用，还能撬动农业的发展。

3. 有利于促进农村金融发展

由于农业的比较收益低，农民的资信条件差，缺乏有效的抵押担保，在某种现实情况下，若是金融业加强风险防范，不管是农业贷款，还是农民贷款，都将变得极其困难，这除了对农业有着严重制约之外，还制约着农村经济的发展。农业保险方面，面对农民由于缺乏有效抵押物的原因而无法顺利获得贷款的情况，可采用的手段有：通过以借款人为中心，为他们提供农业生产保险保障的手段，来替代农业信贷抵押品。这一手段，首先有助于贷款人的预期收益的提高；其次有助于贷款人的风险预期降低；再次有助于农业贷款人的信贷地位提高；最后有助于将潜在的借款人转化为实际借款人，也可以说是使现有借款人的贷款规模得到提高，从而有利于促进农业信贷和农村金融市场的发展。

我国中央政府对农业保险促进农村金融发展的作用也高度重视，先后提出了"搞好对农产品出口的信贷和保险服务"和"支持发展农产品出口信贷和信用保险"的政策意见；"探索建立农村信贷与农业保险相结合的银保互动机制"，"推动农产品出口信贷创新，探索建立出口信用保险与农业保险相结合的风险防范机制"，以及"加强涉农信贷与保险协作配合，创新符合农村特点的抵（质）押担保方式和融资工具，建立多层次、多形式的农业信用担保体系"。

4. 实现支农性国民收入再分配

关于农业保险的国民收入再分配功效主要表现在两个方面：首先，农民交给保险机构的保险费，若是在发生自然灾害或意外事故后发生损害，将会进行再分配，再分配的范围主要分为受灾农民和非受灾农民之间、受灾地区和非受灾地区之间两个方面；其次，由于政府要对农业保险进行补贴，这时整个国民经济和农业部门两个部分之间也会展开再分配。在发达国家，由于政府补贴的力度比较大，农业保险事实上已经成为财政部门对农业部门进行转移支付的一个重要工具。

5. 给整个经济带来有利的乘数效应

在国民经济中，农业有着极为重要的基础地位，农业与国民经济各部门之间的联系极为紧密，也因此决定了对于农业生产和农民收入来说，农业保险对其有着重要的保障作用，并且在整个国民经济内，会给整个经济带来极为有利的乘数效应。依据美国学者对北达科他州的实证研究表明，农业保险不仅对商业销售额、个人收入，还会对就业和州总产值等产生一定的间接贡献。简单来讲就是 1 美元的农业保险赔款，其所能带来极为有利的经济刺激作用，使整个州的商业销售额增长，使整个州个人收入增长 1.03 美元，使州总产值增加 1.14 美元；农业保险赔款每增加 100 万美元就可以为全州提供 51.6 个岗位。

6. 有利于减轻政府财政救灾资金负担

农业保险虽然是具有补贴性质的政策性保险，但由于一方面农业保险保费的一部分还是由农民个人负担的，另一方面通过开展农业保险，将政府的灾后救济转变为事前的保险安排，充分发挥了保险在风险保障方面的资金杠杆放大效应，从而调动了更多的资源参与农业风险管理。总体来说农业保险大大节约了财政救灾资金支出，减轻了政府的财政救灾资金负担。

（二）农业保险的微观作用

1. 有利于促进农业新技术的应用

农业新技术在农业生产中的应用对加快我国农业产业化进程、提高农业生产效率至关重要。但农业新技术在农业生产中的应用风险很大，严重制约着农业生产技术的转化。农业保险可以提高农业经营者的抗风险能力，降低农业生产对新技术应用风险的心理压力，增强人们采用新技术、引进新品种和新生产方式的信心，从而有利于促进农业新技术的应用和农业向现代化转变。

2. 有利于降低农业风险及减少农民灾害损失

农业保险贯彻"以防为主，防赔结合"的经营原则，保险公司都非常重视农业保险的防灾防损工作。例如，在承保前进行风险分析、风险预测和风险评估工作，加大对广大参保农户的防灾减损意识、技能培训；承保后对灾害提前预警，灾害发生后指导被保险人做好抢险救灾工作；通过发放宣传资料、聘请专家顾问上门服务、购买病虫害防治药物、合作开展检疫防疫工作等方式，不断提升防灾减损服务水平。保险公司的防灾防损工作可以有效降低农业风险，减少农民灾害损失。

3. 有利于合理配置农业资源及促进农业产业结构调整

农业保险作为一项国家农业保护政策，可以起到价格、信贷、税收等手段的杠杆作用，可以调整农业资源的配置，使农业经济按照国家预定的目标发展。

4. 有利于缓冲农民所遭受的灾损打击及稳定农民收入

农业保险所提供的灾害损失补偿可以使农民尽快恢复生产和生活，消除灾害所带来的不利影响，从而保证农民收入稳定。农民购买农作物保险需要支付保险费，从而会减少农户可获得的最大收入，但反过来也减少了低收入的可能性。农业保险在灾害事故发生时可以使农民获得最低保障收入，从而起到收入稳定器的作用。

第五节　农业保险的险种与产品

一、农业保险产品科学分类的意义

随着农业保险事业的发展，对农业保险产品进行科学分类就显得很有必要。对农业保险产品进行科学分类首先有利于执行国家的有关方针、政策和法律条令；其次有利于明确各种农业保险险种的性质特征，掌握各种农业保险业务的运行规律，从而综合发挥不同农业保险险种的职能作用；再次有利于准确地区分保险标的和保险经营范围，便于考核各险种的经济效益，加强农业保险的经营管理；最后有利于合理制定、修改和完善各险种业务与条款，便于新险种的设计与实施。同时，对农业保险产品进行科学分类还有利于国家的保险管理机构对农业保险业务进行监督管理。

二、农业保险险种的一般分类

农业保险是以农业生产者在从事种植业与养殖业生产过程中的农作物、林木、牲畜、家禽和其他饲养动物等为保险标的的各种保险种类的总称。依照不同的划分标准，农业保险有不同的分类。

（一）按保单形式分类

按保单形式可以将农业保险分为以下两类。

①单险种保险。单险种保险是指一张保单只包含一个险种的内容。

②组合式保险。组合式保险是指几个相关险种组合在一起形成一张保单的险种，如塑料大棚保险主要包括棚体保险和棚内作物保险；农村综合保险主要包括农作物保险、农业生产资料保险等。

（二）按保障程度分类

1. 成本保险

成本保险是指将生产投入的物化成本视为确定保障程度的基础，并且是以生产成本为依据来对保险金额进行确定的一种农业保险。农业产品是有着生长期的，这意味着农业生产成本并不是一成不变的，而是会随着生长期而不断投入、不断增长的。由此可知，农业保险的成本保险的进行方式，主要有两种：一种是按生育期定额保险的方式，另外一种是采用变动保额的方式。

2. 产量保险或产值保险

产量保险或产值保险就是将生产产出视为确定保障程度的基础，并且是以产品产出量为依据来对保险金额进行确定的一种农业保险。其中，产量保险或产值保险还包含着其他内容。若是以实物量计，就将其称为产量保险；若是以价值量计，那么就将其称为产值保险。而农产品产量的形成，是生产过程结束时的成果，这意味着产量或产值保险通常采用的方式是定额保险，而所谓的定额保险，简单来讲就是按正常产量的一定百分比承保的保险。此外，不足额承保的目的主要是控制道德风险。

3. 收入保险

农产品收入保险是指将历年农业生产的平均收入水平视为确定保障程度的基础，并且以产品产出量和目标价格水平两方面因素为依据，综合确定保险金额的农业保险。该险种既保障自然灾害等导致的产量损失风险，又保障市场因素导致的价格下跌风险。对农业生产者而言，其保障最全面。农产品收入保险对农业生产者的保护作用最强，但农产品价格风险属于经济风险，具有系统性风险的特征，传统的商业保险公司认为价格风险不具有可保性。但是，美国等国家近年来不断试点农产品收入保险，取得了巨大成功，我国部分保险公司近年也开始试点。

（三）按保险责任范围分类

按保险责任范围可以将农业保险分为三类：第一，单一风险保险，还可以将这一保险简称为单一险，其是指只对一种主要责任风险事故进行承保的保险，这一保险类型有小麦雹灾保险、棉花雹灾保险以及林木火灾保险等；第二，多风险保险，还可以将这一保险简称为综合险，其是指承保一种以上，并且是可列明风险的保险；第三，一切险保险，还可以将这一保险简称为一切险，其是指除了不保的风险以外，其他几乎所有的风险都予以承保的保险，如美国、加拿大等国开办的农作物一切险保险就承保了几乎农作物所有灾害事故的损失责任，但我国目前还没有开办这类险种。

（四）按期限和交费方式分类

1.短期费用型农业险

短期农业险保险期限一般不超过一年，通常按生长周期承保，一季作物收获或牲畜出栏了保险责任就结束。在保险期间内发生约定的风险事故，保险人按合同规定承担赔偿责任；没有发生事故则不赔，所缴保费也不退还。若是投保人进行连续投保，那么就需要投保人在每次投保时，必须以条款规定为依据，再次进行缴费。

2.长效储金型农业险

长效储金型农业险保险的承保期限一般为三年以上，购买此保险的投保人在进行投保时，需要交纳一定数额的储金，并且将储金的利息作为保费，只要这样，投保人在保险期限内就无须再年年缴纳相关费用，在农业保险到期之后，保险人将会返还所交储金，这一类保险有小麦储金保险等。

（五）按照农业生产的对象分类

根据承保对象，农业保险可分为种植业和养殖业两大险别，具体分类，如图 2-1 所示。

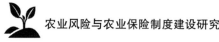

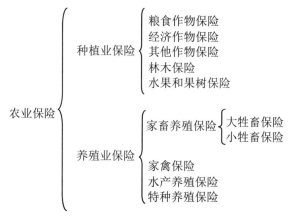

图 2-1　依据承保对象划分的农业保险

1.种植业保险

（1）生长期农作物保险

生长期农作物保险是指以各种农作物为保险对象的险种，如各种粮食作物和经济作物以及饲料和绿肥作物，其中粮食作物有水稻、小麦、玉米等；经济作物有棉、麻、烟叶等。

生长期农作物保险的保险金额一般在计算时，是以亩为计算单位的，而保险金额的确定方法主要有以下三种。

第一，以平均收获量的成数为依据来对保险金额进行确定，这是国内外农作物保险的通常做法。此外，当保险价值间接或直接等同于收获量价值时，就要留给被保险人自保一定成数，这样做的目的是使被保险人能够不断加强对农作物的精耕细作和管理。

第二，按投入的生产成本确定保险金额，成本包括种子、肥料、农药、作业费、排灌费、运输费等直接费用。

第三，按收入目标保障水平的成数确定保险金额。收入目标保障水平取决于投保人的历史产量和农产品的市场价格，当被保险人的实际农作物收入低于收入目标保障水平的某一百分比时，被保险人就获得两者差额的赔偿。

（2）收获期农作物保险

收获期农作物保险是指将粮食作物的初级农产品，或者是在经济作物收割后的初级农产品，视为投保对象的一种保险。这是种短期保险，保险期一般从农作物收割（采摘）进入场院后开始，到完成初加工离场入库前终止。其保险责任：一是火灾以及雹灾、洪水、风灾等自然灾害造成农产品的损失；二是发生灾害事故时，在展开施救、保护以及整理等过程中所支付的合理费用。

（3）森林保险

森林保险是指将天然林场和人工林场视为承保对象的一种保险，并且这种保险主要针对的是林木生长期间在自然灾害、意外事故以及病虫害的影响下，导致林木价值发生损失，或者是导致营林生产费用损失，为这些损失进行承保的一种保险。

（4）经济林、园林苗圃保险

经济林、园林苗圃保险面对的是生长中的各种经济林种，不仅包括了各种具有经济价值的产品，如果实、根叶、汁水以及皮等，还包括美化环境的商品，如各种具有经济价值的树木及树苗等，如雪松、盆景等。当这些树苗、林种，在各种自然灾害或病虫害影响下而发生损害，进而导致农户发生经济损失时，对其进行补偿。这一类保险包含的林木有橡胶树、茶树、核桃树以及苹果树等。此类保险的保险金额有的以亩为计算单位，有的以株为单位，保险责任也不相同。

2. 养殖业保险

养殖业保险是指承保动物性生产的保险标的，对其发生损害时进行赔付的一种保险。这种保险还细分为牲畜保险、家禽保险等，如家禽保险是以鸡、鸭、鹅等家禽为承保对象的保险。其保险责任是承担自然灾害、意外事故和疾病造成的家禽死亡损失。由于家禽存在非灾害事故下的零星正常死亡现象，在保险条款中应该根据家禽的正常死亡率合理确定免赔率。家禽的保险金额既可以实行定额承保，也可以根据家禽的生理生长规律实行变动保额。

（1）牲畜保险

牲畜保险可按在农业生产中的主要经济用途分役用畜保险、乳用畜保险、食用畜保险和种用畜保险四大类；按年龄、性别不同，其又可分成年畜、幼畜、仔畜以及公畜、母畜保险。牲畜保险承保，简单来讲是在饲养使役期间，由于牲畜疾病或意外灾害等事件而带来的牲畜死亡、伤残，或者是牲畜由于流行病的影响，不得不对其进行的强制屠宰、掩埋等行为而造成的经济损失。所谓的牲畜保险，可以说是一种死亡保险，这意味着投保的牲畜必须畜体健康。牲畜的死亡率高低对费率也有重要影响。在我国农村不少地区，牲畜仍是主要的劳动工具，近年来，乳用、肉用的牲畜数量也有大量增加，因此牲畜保险有着广阔的市场。

（2）家畜、家禽保险

家畜、家禽保险的投保对象主要是以商品性生产的家畜，如猪、羊、兔、鸡、鸭、鹅等，作为保险标的一种保险。其保险责任范围主要是各种自然灾害和意外事故以及疾病、瘟疫造成家畜、家禽在饲养期间的死亡。家禽饲养量大，在非灾害事故情况下也有少量正常死亡，因此应规定一个合理的免赔额。

（3）水产养殖保险

水产养殖保险的投保对象主要是商品性的水产养殖产品，这里指的养殖产品包括人工养鱼、养虾以及养蟹等。水产养殖产品在养殖过程中可能会发生的损害包括疾病、中毒、盗窃以及自然灾害和其他意外事故等，当损害发生后，相应损失由保险公司负责赔偿。养鱼保险一般以淡水精养为主，因为精养所投入的资金和费用开支较多，对户外粗养的水产品一般不宜承保。

（4）其他养殖保险

其他养殖保险的投保对象主要是商品性经济动物，主要包括鹿、貂、狐等。其主要负责承保在养殖过程中发生的损害，包括疫病、自然灾害以及意外事故，对由于以上原因造成的损害进行赔付。鹿、貂等经济动物的保险是死亡保险，其承保条件与牲畜保险基本相同。

（六）按照是否享受扶持政策分类

1. 政策性农业保险

政策性农业保险是指由政府通过给予发生损失的农户财政补贴等方式，对其进行政策扶持的一种农业保险。在政策性农业保险中，一种是接受中央政府财政补贴，并且是对发生损失的农户进行政策扶持的农业保险，人们将其称为中央政策性农业保险；另一种是仅接受地方政府补贴，并且是对发生损失的农户进行政策扶持的农业保险，人们将其称为地方政策性农业保险。自我国的政策性农业保险开展以来，在中央财政的支持下，近年来其逐渐实现了跨越式发展，农业保险的灾害补偿功能得到有效体现。

2. 商业性农业保险

商业性农业保险是指保险公司与农业生产经营者直接签订商业保险合同，以商业盈利为目的的农业保险。农业保险的商业性试验在其他国家早有先例，但除了像雹灾、火灾这类损失发生概率很低和风险单位较小又较分散的单一风险的农作物保险以外，鲜有成功经营的例子。

（七）按保险标的所处生长阶段分类

农作物保险主要承保作物生长期的损害责任，它同固定形态的其他财产保险不同，作物要靠本身生长机能加上人工培育管理而收获产品，本身具有不固定和不稳定性。在作物生长期间，其收获量有相当大的部分取决于土壤环境和自然条件，各种作物抵御自然灾害能力又不同。因此，投保人对作物保险的需求及保险公司确定的保险责任，必须根据各种作物对自然灾害可能造成损失的危险来确定。以收获量价值为保险保障目标的，只能承保常年收获价值的一定成数，留给被保险人一部分自保成数，促使其精耕细作加强作物管理。

1. 生长期农作物保险

生长期农作物保险是指农作物生长过程中，在遭受保险灾害事故后发生减产损失，并对其进行赔付的一种保险，这种保险主要包括各种作物种植保险。关于生长期农作物保险面向的对象，主要包括粮食作物、经济作物等。

生长期农作物保险的对象主要是各种处于生长阶段的农作物，处于这一阶段的农作物不仅受自然条件的影响大，还受地理环境的影响大，具有较强的不稳定性，保险人要根据各种农作物的具体特点合理地制定保险条款。生长期农作物保险通常采取农作物成本保险和农作物收获量保险两种方式，并实行不足额承保。

2. 收获期农作物保险

收获期农作物保险是指对农作物成熟收割及其之后的各种处理过程，包括脱粒、碾打、晾晒以及烘烤期间，对发生损害的农作物进行赔付的一种保险。收获期农作物保险与普通的财产保险相比较而言，前者只有在临时加工场地，接受初步加工并将农作物入仓后，才可将其纳入财产保险范围。

收获期农作物保险的承保对象是粮食作物或经济作物，并且是完成收割后的初级农产品。这里所述的初级农产品是指作物成熟后离开生长地进入场院、炕房，处于晾晒、脱粒、烘烤等初级加工阶段时的形态。承保初级农产品危险损失的这种保险是一种介于农业保险和财产保险之间的短期保险。这种保险开办比较普遍的有麦场火险、炕烟保险等。

三、广义农业保险的产品体系

在我国，传统的农业保险是指狭义上的种植业保险和养殖业保险，它们按农业中的农作物、林木、畜禽和水生动物等保险标的进行分类。前面的内容，就是对传统农业保险按标的或其他标志分类进行的论述。但是不容忽视的是，农业是属于产业的概念，农业除了有农作物种植业、林业以及畜牧业和渔业之外，还应包括为其提供产业支持的农林牧渔服务业。

为了能全面反映保险业支持农业、服务"三农"的情况，在农业保险制度中，除了传统种植业、养殖业保险外，其他在农业经营和农村发展中所涉及的财产及人身的保险，即"涉农保险"，作为农业保险的相关业务也应该被统计和包括进来。涉农保险制度的建立是农业保险制度的一项创新，可以解决长期以来困扰保险业的对"三农保险"的衡量问题，为"三农保险"的发展决策提供重要理论和实践支持。我国目前的广义农业保险产品体系即"三农保险"由传统农业保险和涉农保险两大部分构成。

（一）传统农业保险产品体系

传统农业保险主要包括三大部分，即种植业保险、养殖业保险以及森林保险。

1.种植业保险产品体系

种植业保险是指以农作物为保险标的一种保险，这里的农作物主要包括粮食作物、经济作物以及蔬菜园艺作物和果树等。种植业保险是在生产或初加工过程中，由于遭受合同中约定的灾害事故，导致各种作物产生损失，对其承担赔偿责任的一种保险。

按是否获得中央或地方财政扶持，种植业保险划分为政策性种植业保险和商业性种植业保险两类。

（1）政策性种植业保险

政策性种植业保险是指政府给予财政补贴等政策扶持的种植业保险。政策性种植业保险又可分为中央政策性种植业保险和地方政策性种植业保险。其中，接受中央政府财政补贴等政策扶持的种植业保险被称为中央政策性种植业保险；仅接受地方政府补贴等政策扶持的种植业保险被称为地方政策性种植业保险。

（2）商业性种植业保险

商业性种植业保险是指由保险公司与农业生产经营者两个方面直接签订的商业保险合同，并且是以商业盈利为目的的种植业保险。该类险种通常没有政府的财政补贴，投保人个人要缴纳充分的保费，保险公司自负盈亏。

2.养殖业保险产品体系

养殖业保险是指以饲养的各种动物为保险标的，如畜、禽和水生动物等，对其在养殖过程中可能会发生的、约定的灾害事故造成的经济损失进行承担赔偿责任的一种保险。

按是否获得中央或地方财政扶持，养殖业保险划分为政策性养殖业保险和商业性养殖业保险两大类。

①政策性养殖业是指政府给予财政补贴等政策扶持的养殖业保险。政策性养殖业保险又可分为中央政策性养殖业保险和地方政策性养殖业保险。前者是指接受由中央政府财政补贴等政策扶持的养殖业保险；后者是指仅接受地方政府补贴等政策扶持的养殖业保险。

②商业性养殖业保险是指保险公司与农业生产经营者直接签订商业保险合同，以商业盈利为目的的养殖业保险。

3. 森林保险产品体系

森林保险是指是以生长和管理正常的公益林和商品林为保险标的的一种保险。但这一类保险不包括花卉、苗木、橡胶树和四旁树。森林保险简单来讲就是当森林在生长期间遭受灾害时，主要由保险部门向森林生产经营者提供经济补偿以帮助其及时再植补种的一种保险。森林保险属于广义的种植业保险范畴，是其种类之一。

按是否获得中央或地方财政扶持，森林保险分为政策性森林保险和商业性森林保险两类。

①政策性森林保险主要指政府通过给予森林保险以法律支持、经济补贴和行政组织等方式，按照商业保险的运营模式，为森林、林农提供的保险服务。在我国，除相应的政策外，其主要表现为政府对政策性经营的森林保险给予财政补贴。

②商业性森林保险指投保人和保险人双方自愿订立保险合同，由专门的保险企业经营，在市场经济的条件下，保险公司自负盈亏，缺乏政府的干预。

（二）涉农保险

涉农保险是指除农业保险以外，其他为农业服务业、农村、农民直接提供保险保障的保险，其包括农业生产和农民生活等方面的财产保险和人身保险，还有农民的寿命和身体等方面的人身保险。涉农保险包含的险种种类繁多，且范围难以确定。人们通常可以按照保险对象的不同，把涉农保险划分为涉农财产保险和涉农人身保险两大类。其中，涉农财产保险包括涉农企业财产保险、农村家庭财产保险、农村房屋保险、农用机械保险、渔船保险、涉农责任保险、涉农信用保险等；涉农人身保险包括农村人寿保险、农村养老保险、农民健康保险（含商业保险参与的新型农村合作医疗）、农民意外伤害保险、农村计划生育保险、农民工保险、失地农民保险等。

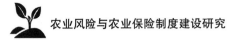

涉农保险也可以按照是否接受政府财政补贴，分为政策性涉农保险和商业性涉农保险。但到目前为止，我国涉农保险还没有得到中央财政的保费补贴支持。不过，部分地方政府已经开始对农房保险、农机保险及渔船保险等实行财政补贴，以支持涉农保险的发展。

第三章　我国农业保险的现状分析

在面临系统性农业风险的时候，农民非正规规避风险的渠道往往容易失效，而保险作为一种分散风险的正式组织形式，则可以在更大范围内实现风险的分散。农业保险作为应对农业风险的重要策略和市场经济条件下发展现代农业的重要支柱，也是世贸组织允许的支持农业的"绿箱"政策之一，世界各国普遍重视和大力发展农业保险。本章分为我国农业保险的发展现状、我国农业保险的供求分析、农业保险的成本与收益分析、农业保险中的各主体分析四个部分。

第一节　我国农业保险的发展现状

一、农业保险发展的现状概述

我国农业保险低保额、低收费、低保障、高风险、高成本、高赔付的特性，使其经营陷入了恶性循环：经营农业保险的保险公司往往亏损；越是亏损，保险公司就越是要提高费率；而费率提高后，农民又无力投保，遇到灾害时遭受的损失也就越大，就越没有能力投保。当前的农业保险业务一直处于低水平状态，一方面主要表现在业务急剧萎缩；另一方面农业保险陷入了严重的市场失灵境地，即"有效供需短缺"。

单一性的农业保险模式已无法真正保障我国复杂而多变的农业风险。矫正供需失灵的关键之处就在于降低交易成本，并且要对农业保险的正外部性做重点突出，同时，政府不仅要加大对农业保险供需双方的相关政策支持，还要加大对农业保险供需双方的财政补贴，并通过这些措施来激活农业保险市场。作为重要的风险防范机制之一的保险，应该在支持农业发展上有所贡献，切实为我国农业发展保驾护航。

农业保险是对种植业（农作物）、养殖业（禽、畜）在生产过程中可能遭到的，由于自然灾害或意外事故等原因而造成的经济损失进行经济保障的一种保险。中国人民保险公司曾于 1982 年恢复试办和经营农业保险多年，并逐步形成了与农业互助合作保险分保的模式，但亏损比较严重。中国保监会（今中国银保监会）曾提出五种发展农业保险模式：以农业互助合作保险为基础的政策性保险，在发展农村保险合作社的基础上，成立国家和地方政策性农业保险公司，主要为农村保险合作社办理再保险业务；与地方政府签订协议，由商业保险公司来对农业保险业务进行代办；以现有商业保险公司为主体开办农业保险业务；设立具有专业性的农业保险公司；引进有专长的外资农业保险公司。

农业保险是指在市场经济背景下，由国家出于扶持农业发展目的的一种通行做法。在政策性农业保险的支持下，基于世贸组织规则，在其允许的范围内，对我国农业展开合理有效的保护，也就是所谓的代替直接补贴。通过政策性农业保险，一方面有助于使自然灾害对农业生产的影响得到消减；另一方面还有助于稳定农民收入，并对农业和农村经济的发展，有着良好的促进作用。

农业保险在我国是"三农"问题得以解决的重要措施。但是农业保险还依然处于三难境地：一难是农民买不起；二难是政府补不起；三难是保险公司赔不起。不管是农业保险的有效供给，还是农民有效需求，都处于不足的状态。根据较为典型的理论我们可知，当前的农业保险市场总的来说处于"供需双冷"状态，而这一状态述说起来就是一种供给和需求两方面内容都不足并且是一种低水平均衡状态。

二、农业保险发展的现状分述

（一）农业保险费收入及占财产保险费收入的比例偏低

我国中央政府从 2004 年开始了新的政策性农业保险制度的试行工作，不管是中央政府还是地方政府，它们在农业保险领域的保费补贴方面上的支持力度均有所加大。但是，农业保险费收入的增长速度，相较于不断增长的财产保险费收入在自然状态下的提高速度而言是明显落后的，而且农业保费收入占财产保险费收入的比重也一直偏低。

（二）农业保险的发展依赖于农业和农村经济

总的来说，中国农业保险发展与经济发展之间有着紧密的联系，中国农业保险的发展依赖农业和农村经济的发展。古代的"积谷防饥"也证明了农业保险的产生必须有赖于经济发展而形成的积累。一旦农民每天都吃不上饱饭，那么又何来多余的谷粮应付自然灾害呢？而近代农业保险发展失败原因主要是农业生产力停滞衰落，并且随着人口的不断增长，其严重超负荷，导致落后的农村经济进入了一种难以为继的极端困境。

在当时，农业保险赖以生存的根基——经济基础极端脆弱，因此农业保险的试验很难成功。若是农业保险的发展不适应经济发展的实际情况，甚至是脱离，那么就会导致行为主体的不配合，相应的交易成本就会提高，最终导致农业保险制度应有的效果无法得到实现。

（三）农业保险的区域化发展特征逐渐显现

我国当前的农业保险总体而言发展水平较低，并且主要呈现出区域发展不平衡的现象。在我国少数地区的农业保险，由于有着地区农业的特点和优势，有着政府方面的重视，因此有关部门探索出了一条适应当地发展的模式，使农业保险得到较快的发展。这些区域特色农业保险发展的探索为当地的农业风险管理起到重要作用；更为重要的是，为我国农业保险的发展积累了宝贵的经验。

（四）农业保险发展依然存在一些问题

1. 功能定位不高及影响农业风险的防范

目前，我国农业保险在农业风险应对中还只是起到辅助作用，还没有成为我国农业风险应对的主要方式。在我国广大农村，农民的非正规规避机制及政府的自然灾害救助方式还是农业风险应对的主要方式。农业保险在农村中缺乏影响力，农民对其缺乏足够的认识，而且农民向保险公司索赔时手续烦琐、理赔时间长，农民对保险公司不信任等，这都在很大程度上影响了农民参保的积极性。

2. 农业保险品种少及保障程度不足

我国目前的农业保险主要保障的有蔬菜、生猪、奶牛、耕牛、山羊、鱼、鹿、鸭、鸡等农产品，虾、蚌等海产品，稻麦场、森林等场所。我国农业保险主要开办的保险品种有"保成本""保护自然风险"两种。在我国，农业收入保险基本处于还未开办的状态，并且农产品价格指数保险也还处于理论探讨阶段。国外很多发达国家农业保险的种类多且保障程度也高，如美国农业收入保险约占美国农业保险规模的83%。

3. 政府对农业保险的补贴力度不大

在我国，关于中央财政农业保险保费补贴，就其比例而言，不仅单一，在补贴方面也比较低，不管是农民投保意愿高，还是农民投保意愿低，均实行的是同一比例的补贴政策。而一些发达国家却不是这样，美国不仅将农业保险视为最重要的农业支持之一，还将其作为最重要的农民收入增长政策的重要组成部分；在对基本的巨灾保险保费方面，主要实行的是政府全额补贴，这种补贴政策是半强制性的，也就是说农场主要想享受其他农业政策支持，就必须加入该计划才能获得，农场主就其他农业保险产品需要保障的风险程度越高，那么其自行承担的保费比例就越高。美国联邦政府每年安排相当于约五百亿元人民币的资金用于农业保险补贴。

4. 农业保险管理体制及经营模式不够完善

一方面，我国农业保险实行分散的管理体制，农业保险职责分散在各个部门，没有一个统一的主要管理机构。另一方面，虽然中央很重视发展政策性农业保险，相关业务已经在全国各地区展开，但是我国政策性农业保险的经营模式还是将相关业务委托给商业性保险公司，政府给予一定的补贴。这一模式由于农村地区具有的特点，即地域辽阔，并且在农业生产方面情况差异大等原因，还需不断完善。

5. 农业保险发展缺乏有效的立法保障和法律约束

农业保险发达的国家都以规范的法律作为保障农业保险健康发展的前提。农业保险法的成熟和完善是一个长期过程。发达国家的农业保险基于不断规范的法律条件，获得了极大的发展，可以说为国家农业的健康发展，奠定了坚实的基础与保障。借鉴发达国家保险发展的历程可知，我国农业保险也已经发展到应该颁布农业保险法的阶段了，但是就当前我国农业保险现状而言，不仅没有试行的农业保险法，甚至是涉及农业保险的相关法律都没有。总之，我国农业保险立法滞后的状况已经严重制约了农业保险的发展。

6. 农业保险发展面临组织结构和经营能力不适宜的矛盾

随着农业保险试点工作的启动，也暴露出了我国农业保险公司，如上海安信、安华股份等，在组织结构和经营能力方面上存在的诸多缺陷，主要有以下几点。

首先，农业保险公司组织架构不适宜。这一缺陷是指各家保险公司的机构设置往往只到县（市）一级，这就导致广大农村地区存在的保险业务需求通常存在着难以顾及的情况。

其次，农业保险公司在从事农业保险业务人员方面存在数量不足的缺陷。第一，保险交易规模较小，交易次数较为频繁；第二，难以获得建立信用所必需的信息；第三，要求保险服务简便、灵活、及时。这些特性表明农业保险的发展以及农业保险的业务拓展过程中，需要大量专业性的农业保险业务人员，可以说专业的农业保险业务人员决定着农业保险及其业务的发展。但是，目前我国的农业保险专业技术人员匮乏，更别说是具有相应营销业务能力的人员。

最后，农业保险公司不具备相应的风险评估能力。要想满足农业保险风险评估技术的要求就需要众多专业人员参与其中，并且风险评估过程具有很强的实效性，就当前我国的保险公司而言，不管是组织架构，还是业务人员技术水平，均依然处于难以做到的境地，从而导致农业保险的发展举步维艰。

7. 农业保险缺乏巨灾风险分摊机制

从保险理论上分析，不管是农业生产中的洪水，还是农业生产中的干旱等巨灾风险，就其类型而言，均属于不可保风险。这种类型的风险任何一家保险公司都无法做到单独承担。发达国家经过多年的实践，已形成较为有效的巨灾风险分散机制（如巨灾保险、巨灾基金等）。但我国并没有设立相关基金，在农业巨灾保险方面还依然处于空白状况，这是因为国内还没有任何一家保险公司具有开办该业务的能力。

8. 农业保险较高的费率与农民实际承受能力并不协调

不管是农业保险费率，还是经营成本，在农业高风险特点的影响下，相较于城市保险业务而言，要高出很多。依据测算，以一些地方农作物险种的费率为例，在9%～10%的费率下，农民要想投保1000元的保额，那么就要交100元的保费，但是在许多农村地区，尤其是农村贫困地区，农民连扩大再生产的基本资金都难以拿出，更别说是投保的钱了。此外，依据相关学者对西部部分地区的调研，我们可以得知，从事种植业和养殖业的农民所能承受的现行费率平均在30%左右。从日本的经验看，表面较高的保险费率实际并没有对农民形成过重的经济负担，这主要是因为日本政府通过科学合理设定保费补贴措施减轻了农民负担。

第二节　我国农业保险的供求分析

一、我国农业保险的供给现状分析

农业保险是处理农业非系统性风险（如天灾人祸等）的重要财务安排，是市场经济条件下现代农业发展的三大支柱（农业科技、农村保险和农业保险）

之一，是世贸组织允许各国支持农业的"绿箱"政策之一，其日益受到各国政府的重视。

在我国，农业是基础产业，也是弱质产业，面临市场和自然双重风险的威胁。加入世界贸易组织（WTO）后，我国弱质农业面临更加严峻的国际竞争，但是为农业保驾护航的农业保险近年的发展情况并不稳定，波动幅度较大。从总体上看农业保险保费收入还是有所增加的，只是其增量较小。

换句话说，在财产保险赔付率逐年下降的同时，农业保险的赔付率却没有明显的下降趋势，从而使得农业保险的赔付率远远高于财产保险的赔付率。以盈利为目的的商业性保险公司大多不愿意涉足农业保险。这使得风险非常大的基础产业——农业面临投保无门的尴尬境地，也表明我国农业保险的供给严重不足。

二、我国农业保险的需求现状分析

农业不仅是一项基础产业，还是一项弱质产业。对于农业生产而言，许多自然灾害都会对其产生严重的打击。总体而言，在我国尽管很多农民都具有投保的需求，但是农业保险的有效需求还处于缺乏状态。农业保险需求既包括有效需求，也包括潜在需求。所谓有效需求是指农业风险单位愿意并能够支付保险费购买农业保险产品的需求；而潜在需求是指农户有购买农业保险的需求和愿望，但实际上却无法或支付不起保险费，这就导致没有保险合同产生的心理需求。有效需求和潜在需求在一定条件下可以相互转化。保险实践更重视有效需求，而理论研究既重视有效需求，也关注潜在需求，更重视的是如何将潜在需求转变为有效需求，也就是潜在需求转化为有效需求的条件。

（一）保险需求理论的一般分析

要从理论上研究保险需求，人们必须从风险单位的风险态度及风险态度和保险需求之间的关系入手。风险是损失的不确定性，对不确定性的研究，必须从主观上研究受险单位的风险态度。在理论上，对风险态度的研究主要从心理和效用两方面进行。

1. 风险偏好的心理分析

人们的风险偏好一般可以分为风险爱好、风险厌恶和风险中立三种，而人们对风险的不同偏好取决于每个人的心理结构。个人心理因素受性格、职业、政治制度、社会文化等各种外界和环境因素的影响，同一个人在人生的不同时期、不同经济环境和不同财富状况下，也会表现出不同的风险偏好。比如，当一个人特别富有时，他对风险损失的承受能力很强，因此对风险的态度可能是中性的。但当他很穷时，就会表现出风险厌恶。一旦处于赤贫，他就可能放手一搏，表现为风险爱好。由此可以看出，差异性和可变性是风险偏好的基本特征，但同时，职业、社会体制、社会文化等共同因素的影响又会使某一类型的人在风险偏好上具有一定的同质性。

2. 风险偏好的效用分析

在分析不确定条件下的农户行为时，期望效用和期望值效用是两个经常要用到的概念。假定投保人是风险厌恶型，他希望通过购买保险来转移风险。投保人购买保险的条件就是购买保险后的期望效用要大于没有购买保险的期望效用，风险何时发生是不确定的，从而这里存在一个最优的保险费率，使得潜在投保人无论投保与否，其风险资产的期望值是相同的。投保人认为这样是最公平的，对于风险厌恶型的投保人来说最优选择便是购买保险。

（二）影响农业保险需求的因素

从理论的角度出发，对保险需求以及农业保险需求具有的特性进行认识，有助于人们对农业保险需求规律的把握。在农业保险实践中，对农业保险需求具有影响作用的许多因素都是比较具体的，可以说农业保险需求问题并不简单，而是非常复杂的。

1. 农村经济发展水平

从客观上讲，承受较大风险威胁而自身承受风险损失能力十分有限的农民对农业保险有强烈的需求，但是这种潜在的保险需求能否转化为具有货币支付能力的有效需求，还取决于农村经济发展水平。农村经济与农业保险的发展相互依存、相互影响。农村经济的发展既为农业保险提供了对象，也提供了基础；农业保险为农村经济的发展提供保障，也促进了农村经济的稳定发展。

农村经济的发展水平主要包括两个方面：首先，对于农业保险而言，农户不仅是农业保险的需求主体，还是农业保险的购买主体，因此农业收入的高低不仅直接影响着农户购买农业保险的能力，还决定着农户购买农业保险的积极性；其次，农村产业结构状况，这是衡量农村经济发展水平的重要指标。传统农业向现代农业转变，计划农业向市场农业过渡都需要加快对农村产业结构的调整。农村产业结构调整已成为农村经济增长的推动力。从农村保险需求角度，农村产业结构调整和优化可以增大农业保险需求。一方面，农村产业结构调整、优化使得农业生产集约化和专门化程度提高，农业产业链延长，由此降低了农业生产经营风险；另一方面，农村产业结构调整提高了农业市场竞争力，农户的收益增加了，从而增强了农业主体的保险购买力。

2. 农业风险损失程度的大小

依据长期的农业保险实践人们可以得知，在发生一次重大农业灾害后，损失会导致农民的投保热情将会提高，保险需求将增加。也就是说，风险损失的频率越高，风险损失程度越大，农户的农业保险需求也就越大。在主观上，农民具有较强的农业保险需求，虽然这种保险需求不一定成为有效需求。

3. 农业保险费率的高低

农业保险还是一种风险管理商品，这也就决定了农业保险价格（保险费率）对农业保险需求有着直接的影响作用。而保险费率是保险市场最重要的变量，它的变化是保险供求双方在市场博弈的结果。只有在费率高低被双方认可并接受时，保险的供求双方才能成交。

4. 农业保险替代产品发展情况

农业风险主体单位在风险管理决策过程中必然会考虑农业保险的替代产品，也就是说农业保险替代产品的存在将在一定程度上削弱农业行为主体对农业保险产品的需求。

5. 农业保险赔款额

农业保险保费的多少与农业保险赔款额大小之间是一种正相关关系，也就是说农业保险赔款额若是增加，相应的农业保险收入会随之相应增加，此时随着农业保险的具体赔付的落实，人们的农业保险参保意愿会加强。因此，尽管我国农业面临的风险非常大，且农业风险所带来的损失会在很大程度上影响农民的生产和生活，农民是否愿意参保农业保险受到农村经济发展水平、农业风险损失程度的大小、农业保险费率的高低、农业保险替代品的发展和农业保险赔款额等因素的影响。

6. 农业保险需求与农民收入基本关系的分析

农业保险需求和农民收入之间的基本关是非线性关系。就农业本身而言，其本就是国民经济中的弱质产业，因此农业不管是规避能力，还是转移风险的能力都比较弱，这样一来，农业保险就成了农民发生风险损失的时候，能得到及时弥补的有效手段。

农业保险的有效需求是指在从事农业生产过程中，农民出于应对自然灾害或意外事故的目的，避免发生无可挽回的经济损失，所具有的实际支付能力的保险的一种有效需求。而农业保险的需求量不仅取决于农民是否具有保险欲望，还取决于农民是否具有经济支付能力。其中，制约着农业保险需求大小的关键因素就是农民货币收入，同时这也是与农业保险需求高度相关的因素。一方面，农民在收入水平较低时，不会将有限的收入用于农业保险，而是会将其用于基本生活保障，这时农业保险的现实需求与有效需求之间是无法实现转换的；另一方面，农民在货币收入达到基本生活需要的临界值，或者是在超过其基本生活需要之后，才会对农业保险产生需求。

三、我国农业保险发展中存在的供求矛盾分析

通过对我国农业保险供求现状的分析，我们可以发现我国农业保险在供求中存在许多矛盾，主要有自然需求不断增加与有效需求严重不足的矛盾、高费率与农业风险保障不足的矛盾以及高赔付率与商业保险公司经营目标的矛盾。

（一）自然需求不能向有效需求转变

目前，各保险公司对农业保险业务的开发与经营还缺乏积极性。但保险公司对农业保险经营热情的缺乏并不能说明农业生产者不需要农业保险这一风险分散手段。实际上，我国的农业生产受自然灾害的影响呈上升趋势，损失额持续增长。但农业灾害损失的上升趋势并没有推动农业保险业的扩展。

影响农民参与农业保险的因素主要有两个，即农民的收入水平和受教育程度。首先，由于作为农业保险投保主体的农民收入水平较低，加之农业生产成本居高不下，农民的可支配收入比较少。按照商业化原则确定的保险费率相对于农民收入较高，严重抑制了农民对保险的有效需求。其次，农民的受教育程度普遍较低，通过保险来分散风险的意识薄弱，这也是农民有效需求不足的一个重要因素。另外，我国农村仍然是以家庭为单位的生产方式，农业生产的商品化程度与农业生产的预期收益比较低，使得农民不愿意付出较高的保险成本。

（二）高费率与低保障的矛盾

农业保险的保险费率与一般财产保险的保险费相比要高出许多，以我国发达省区的农业保险费率为例，中华联合财产保险的农业保险费率是5%～12%，而其经营的财产保险的保险费率为0.2%～2%。而与高保费相对应的是，农业保险所提供的保障主要以单独的自然灾害为主，很少提供对于一切险的保障，

因此农户必须为同一个农作物投保多种险才能消除可能的自然灾害损失，这就形成了农业保险保险费高而保障范围小的局面。

（三）高赔付率与商业保险公司经营目标的矛盾

农业保险承保的风险在属性上与一般的财产保险有很大差别，农业灾害具有很高的发生可能，一旦灾害发生，由于其所造成的损失集中度高，风险分散可能性小，因此其赔付率也高于一般的财产保险。另外，农业保险中存在着严重的逆向选择与道德风险，这也是农业保险的赔付率居高不下的另一个重要的原因。我国农业保险的平均综合赔付率超过120%。同时，农业风险在时间和空间上的分散不够充分，而且容易形成巨灾损失，进一步导致了保险公司的赔付率高于预期赔付率。过高的农业保险赔付率导致商业化农业保险的经营亏损严重，各地保险公司的农业保险经营难以大范围开展。

四、我国农业保险供求矛盾的成因分析

（一）农业保险的外部性

外部性可以分为正的外部性与负的外部性。正的外部性指的是一种经济活动对其外部造成积极的影响，引起他人效用的增加或成本的减少；负的外部性指行为对外界有损害，但成本没有由行为人本身支付。就农业而言，农业稳定的受益者不仅仅只是农民，保险公司提供农业保险，农民购买农业保险，保证了农业生产的顺利进行，使全体社会成员都得到了农产品价格稳定带来的好处，因而农业保险是一种具有正的外部性的准公共产品。其正外部性的发生过程存在于农业保险的"消费"和农业保险的"供给"两方面。

1. 农业保险消费的正外部性与需求不足

农业保险所提供的一部分利益由投保农民直接享有，如保证农民收入的稳定，而另一部分利益则由农民以外的全体社会成员共同享有，如农业保险使农民生产的风险成本下降，生产规模得到扩大，农产品价格变得低廉。这一部分不是由投保农民享有的好处属于农业保险的利益外溢，由此形成了一种正外部性。由于农民进行农业保险"消费"的利益外溢，使边际社会效益大于边际私人收益，从而产生了正的外部性。

2. 农业保险生产的正外部性与供给有限

农业保险生产，即农业保险企业提供的农业保险产品过程，真正的外部性体现在农业保险的高赔付率上。农业保险的承保对象面临的风险种类繁多，从

自然灾害、疫病到火灾、偷盗都是农业保险的承保风险。其中，自然灾害使得农业保险还要承担由此带来的风险之间转换和传递的风险，即共变风险。共变风险也使农业保险的赔付率远远大于一般财产保险。

在政府不对商业性保险公司的农业保险提供补贴的情况下，保险公司的边际社会成本将远低于边际私人成本，而保险公司的边际社会收益将远大于边际私人收益，这与农业保险消费中的市场失灵过程相同，使得以利润最大化为目标的保险公司在按照边际收益等于边际成本的原则来确定其农业保险供应量时，将选择比社会最佳规模小的量，从而造成农业保险的"供给不足"。

（二）农业保险的特殊技术障碍

农业保险自身存在的特殊技术障碍也是造成农业保险供求矛盾的一个重要原因，以下我们来做简要分析。

1. 出险后的保险责任划定比较困难

由于农业保险的风险单位与保险单位存在差异，风险单位通常大于保险单位。农业受自然灾害的影响存在不确定性，如果纯费率以长期平均损失作为计算的基础，就必须有连续多年积累的数据资料，以及农作物和畜禽生产的原始记录才能完成费率的厘定，而这些条件目前都不具备。

2. 定损理赔难度大

由于农业保险的保险标的是靠自然条件生长的农作物，保险标的在不同年份的价格波动很大，而且农作物的成熟过程中其价值也在不断变化，要正确估测损失程度、预测其未来的产量和产品质量以及未来产品的市场价值都不容易，这就造成了理赔时人们对于农作物价值的计算缺乏公允依据。

3. 道德风险难以消除

与定损理赔困难的原因相似，由于农业保险的保险利益是一件难以事先确定的预期利益，农作物的生长过程决定了其价值的大小，而这一过程中农户的经营管理不易监督。同时，畜禽保险中的防疫工作往往也带有区域性，所以当地没投保的农户也存在"搭便车"现象，因此农业保险中存在的道德风险往往不易消除。

（三）农业灾害和农业生产以及农业经济的区域性

我国农业灾害、农业生产以及农业经济的区域性决定了我国的农业保险也具有区域性的特点，在不同的区域，由于农作物品种、农业灾害区划、自然条件、农业基础设施、市场条件、农民素质等差异，造成保险标的、保险金额、保险责任与保险期限都不相同，使得农业保险的经营管理难度加大，这也在一定程度上制约了农业保险供给发展。

1. 各个地区农业保险的保险责任和保险金额

农业灾害的区域性决定了我国各个地区农业保险的保险责任和保险金额存在着很大的差别。我国横跨热带、亚热带、温带、寒温带四个气候区，地形地貌十分复杂，多样的地理条件和复杂的地形环境决定了我国农业面临着多种自然灾害风险，分布呈区域性的特点。总的看来，我国农业灾害分布存在的规律为：黄淮海地区及黄土高原、粤东和闽南沿海、云南东部和北部等地的干旱次数较多；洪涝灾害经常出现在长江和珠江中下游、淮河流域等地区；冰雹多发生在西部和山区；霜冻则对东北和华北地区的危害较大。由于各个地区自然灾害的种类存在着很大的区别，不同地区农业保险的保险责任必然也不同。另外，各个地区自然灾害的风险程度不同，各地种植业和养殖业的损失程度也不同，这决定了在风险不同的地区，农业保险的保险金额也不同。

2. 各个地区农业保险的保险标的

我国农业生产的区域性决定了各个地区农业保险的保险标的不同。我国的农业生产具有区域性的特点，不同地区的主要农产品具有很大的差别，因此农业保险的保险标的也不同。例如，东北地区农业保险的主要标的是玉米、大豆、甜菜和柞蚕；黄河中下游地区农业保险的主要标的是小麦、棉花、花生、芝麻、温带水果以及工厂化养殖的畜禽；东南沿海地区的农业保险标的主要是集约化程度较高的水稻、甘蔗、橡胶、郊区养殖的经济动物及食品加工；而青、藏、宁、甘等省（自治区）的农业保险标的主要是肉畜和种畜。农业生产条件的差异对各地农业保险的保险期限也有影响，以冬小麦为例，在青藏高原，由于气候寒冷，冬小麦从播种到成熟共需要12个月的时间；在北京地区，则需要10个月的时间；而在我国的南方，由于气候温暖，仅需要6个月的时间。

3. 农业保险供求矛盾的主要原因

我国农业经济发展的区域性也是造成农业保险供求矛盾的主要原因。现阶段，我国农村的经济发展水平和农民的收入水平，按东、中、西地带呈明显的区域性分布，即经济发达的东部及东南沿海地区农民的收入水平高于中部地区，中部地区高于西部地区，东部经济地区农民收入的增长幅度也高于中、西部地区，但用于生活必需品的支出份额却低于中、西部，这使东部地区农民的财富积累更快，不断扩大了地区间的经济差距，形成明显的经济区域。在经济发达的东部地区，农民的收入水平较高，消费支出的弹性较大，有承担农业保险费的能力，但在这些地区，由于农业经济地位的下降，保险的需求有弱化的倾向。而在中西部尤其是西部地区，经济发展较为落后，农民经济收入的主要来源还是农业，但由于土地经营规模很小，且分布零散，使农民对农业保险的要求较高，这就使农业保险机构的工作难度明显加大，业务费用开支也相应增多，从而导致保费较高。因此，我国农业保险的发展就出现了有效需求不足的困境：一方面，东部地区有支付能力的农民保险需求相对不足；另一方面，中西部地区有较强潜在保险需求的农民却缺乏足够的支付能力，从而形成了农业保险需求与保险费承担能力的结构性摩擦。

第三节　农业保险的成本与收益分析

一、农业保险成本与收益分析概述

部分人对农业保险业的收益持有的是肯定态度，并且主要表现为两种观点：一种观点认为对于资源配置而言，农业生产风险有着极大的影响，在致力于减少资源配置失误成本的过程中，可将农业保险视为一种调节工具；另一种观点则认为，要想使由农业生产者收入波动而带来的负效应得以减轻，农业保险就要作为一种政策性工具。因此，农业保险广义上的目标，一是减少低效率；二是实现农民收入的稳定，因此人们就认为农业保险的社会效益要超过其成本。

部分人对农业保险业的收益持有的是反对意见，并且主要表现为两种观点，一种观点认为农业保险对收入而言，所具有的稳定作用并不大，这是由于农业保险并不承保价格的变化，而是只承保产量的变动所决定的；另一种观点认为农业保险由于存在着诸多问题，如道德风险和逆选择问题，以及管理费用也很高，这就导致农业保险通常具有很高的社会成本。农民只在面对一些威胁大的风险时，才会愿意支付保险费，一般情况下其会比较依赖政府的补贴。作为一种风险管理工具，农业保险表面上看起来是既花钱又无效率。针对这一问题我们来展开以下理论分析。

（一）有或无保险的收入分析

为支持分析，这里先将风险简要的定义为"收入波动"。假设农业生产者根据一个平均的收入水平，或者是依据预期的收入水平来进行安排预算，这种预算水平，必将会发生偏离，并会产生一个最大和最小值。生产者在收入高于平均水平的状况下，额外的收入将会被生产者用于再投资或消费。

首先我们要对农业保险的收入预期的有无进行考察，这里先设定减少收入水平方差的这一分布无成本，在这种状况下，农户优先考虑的内容就是减少端点值变化范围的方式，可采用多样化种植和增加信息等方式来实现这一目的。这种措施将会对概率密度函数性质产生一定的影响作用，但是并不能使管理方式的资产发生增值，甚至在某些状况下，还会导致资产发生贬值。农业生产者通过贮备的方式，可将高收入年份进行转移，将其转移到低收入年份。税后净收益的概率分布方差将会随着收入概率的减少而减少。但是农业生产者持有的贮备对于收入的概率分布图来说，并不具备很大的影响力。

不管是哪一项农业保险政策，农业净收入的概率分布总是以同一种方式来产生影响作用的。所有的农户在签订农业保险时，都要支付一定的保险费，这样就会影响农户的收入，使其可获得的最大收入发生减少，但是相应的低收入可能性也会减少。保费确定的依据主要有保障水平和投保产量的历史记录两种。在每份农业保险合约中，保险赔付的水平取决于投保农作物的平均产量。农业保险费在一些年份中，可以成为农户收入的一项成本，但相应的对于农户来说，赔付的资金也是一项收入，可使农户的收入得到提高。

（二）保险成本与收益分析

为了更好地认识农业保险的作用，有必要进行保险成本—收益分析。

假设一：农作物投保，并且不采取其他任何保险措施。

假设二：农作物参加了两种农作物保险，一种保险在发生自然灾害或意外后，可获得政府的保费补贴；另外一种保险在自然灾害发生后，完全依赖农户交纳保费。

在非赔付事件下，依据这两种投保的具体情况，投保农户由于支付了保费，其所能获得收入要比不投保农户要低。

此外，当政府补贴给生产者的赔款是大于生产者当初交纳的保费的时候，也就是投保农户的预期收入相较于未投保的预期收入水平来说，是处于超出状态时，生产者购买的农作物保险，提高了农作物的预期收入，导致收入发生下降，甚至是增加了收入降至某一水平之下的可能性。在这种状况下，若是政府不负担保险的部分份额，这时具有参保意愿的农户将会产生大大减少的现象。

二、农业保险对农业发展和农民收入的影响

由于农业产业在国民经济中的重要地位以及在农业生产过程中所面临的农业风险，出于安全考虑，许多国家都选择建立农业保险系统来转移农业风险，

以此保障农业部门生产活动的稳定，同时保障国民经济的健康发展。

农业保险体系对于一国农业部门的发展具有极大的经济效益和社会效益，主要体现在促进农业发展、提高农民收入两个方面。新中国成立以来特别是改革开放以来，中国农业发展取得了巨大的成绩，农民收入得到了极大的提高。与此同时，农业保险为农业生产、农村经济发展及农民收入提高提供了充足的保障。随着农村金融制度的改革，国家正在探寻建立更加高效的农村金融生态环境体系，改善农村金融的广度和深度。近年来，政府大力发展农业保险作为强农、惠农、富农政策，其连续多年被写入中央文件，农业保险保费从 2006 年的 8.5 亿元直线上升到 2018 年的 572.65 亿元，2013 年 3 月《农业保险条例》实施后，农业保险再次进入发展黄金期，保险业提供的关于农民身体健康的保险产品和直接作用于农作物种植和养殖等领域的、与农业生产密切相关的保险产品，都会有效促进农业发展与提高农民收入。对于农业保险的作用，人们的一个直观认识是农业发展与农民收入存在密切联系，而农业保险又对二者具有重要作用。

首先，建立一个农业发展与农民收入的非线性动力系统模型，以此研究二者之间的动态规律和相互作用机制；其次，探讨该经济系统自发调控与依靠农业保险作为控制变量的调控工具的差异，探讨不同调控方案对该经济系统的影响。

人们通过建立农业发展与农民收入的非线性动力系统模型，引入农业保险赔付率作为控制变量，较为全面、系统地研究依靠控制变量控制经济系统和基于稳定度控制经济系统的两种控制方案。现将实证主要结论总结：首先，我国农业发展与农民收入存在非线性关系，且二者之间存在长期均衡的非线性关系；其次，农业保险赔付率对农业发展与农民收入的影响都是正向的。

一方面，农业发展会影响农民收入；另一方面，农民收入也会对农业发展产生作用。因此，应该将农业发展与农民收入提高作为一个系统，充分发挥农民收入对农业发展的积极作用。此外，虽然农业保险赔付率的变化率与农业发展、农民收入具有正相关的关系，但这并不意味着农业保险赔付率需要一直提高，因为相关模拟结果显示，农业保险赔付率的变化率最终将趋近为 0，这也说明农业保险赔付率存在一个最优的状态，只要将农业保险赔付率尽可能维持在此状态，农业发展与农民收入的非线性动力系统就可以稳态运行，实现最优控制的目的。

第四节 农业保险中的各主体分析

一、农业保险各参与主体的定位与职责

一般保险的经济关系中有保险人和投保人双方，但从政策性农业保险的经济关系的角度来分析，则有三方当事人，分别是保险人、投保农户以及政府。

（一）农业保险中的投保人

1. 投保人的构成

与一般保险不同的是，农业保险的投保人可以是农民，也可以是农业生产经营组织或村民委员会等单位。在后者中，农业生产经营组织或村民委员会等单位代表农户投保，两者之间就形成了委托—代理关系，农户是保险关系中的被保险人。这种投保形式在我国也有存在的合理性：我国农业生产系小规模分散经营，由农业生产经营组织或村民委员会组织农户投保，可以提高农业保险经营的效率，降低道德风险和逆向选择，但同时也会埋下虚假承保、骗赔、套取国家财政资金等隐患。

2. 投保人的职责

根据《保险法》和《农业保险条例》的规定，农业保险中投保人的职责有：订立保险合同，保险人就保险标的或者被保险人的有关情况提出的询问，投保人应当如实解答；保险合同成立后，投保人按照约定交付保险费；在农业保险合同有效期内，不得因保险标的的危险程度发生变化增加保险费或者解除农业保险合同；投保人或被保险人知道保险事故发生后，应当及时通知保险人；保险事故发生后，投保人或被保险人应当向保险人提供其所能提供的与确认保险事故的性质、原因、损失程度等有关的证明和资料。

（二）农业保险中的保险人

1. 保险人的构成

《保险法》第十条第三款规定："保险人是指与投保人订立保险合同，并按照合同约定承担赔偿或者给付保险金责任的保险公司"。《农业保险条例》第二条第二款规定："本条例所称保险机构，是指保险公司以及依法设立的农业互助保险等保险组织"。由此可见，农业保险的保险人不限于保险公司，还包括依法设立的农业互助保险等保险组织。

2. 保险人的职责

根据《保险法》和《农业保险条例》的规定，农业保险中投保人的职责有：保险合同成立后，保险人应当及时向投保人签发保险单或者其他保险凭证；由农业生产经营组织、村民委员会等单位组织农民投保的，保险机构应当在订立农业保险合同时，制定投保清单，详细列明被保险人的投保信息，并由被保险人签字确认；保险机构应当将承保情况予以公示；在农业保险合同有效期内，不得因保险标的的危险程度发生变化增加保险费或者解除农业保险合同；保险机构接到发生保险事故的通知后，应当及时进行现场查勘，会同被保险人核定保险标的的受损情况；由农业生产经营组织、村民委员会等单位组织农民投保的，保险机构应当将查勘定损结果予以公示；保险机构应当在与被保险人达成赔偿协议后十日内或按照合同约定，将应赔偿的保险金支付给被保险人；保险机构应当按照农业保险合同约定，根据核定的保险标的的损失程度足额支付应赔偿的保险金；农业生产经营组织、村民委员会等单位组织农民投保的，理赔清单应当由被保险人签字确认，保险机构应当将理赔结果予以公示。

（三）农业保险中的政府

1. 政府的构成及定位

政府在一般商业性保险关系中，只对保险机构具有监管的职责，不管是保险合同的订立，还是保险合同的执行，政府都不会参与。与一般保险不同的是，在政策性农业保险关系中，还有一个特殊的主体——政府，具体包括中央政府、省级政府以及地市县级政府不同层级，此外还有乡村一级。

在政策性农业保险的经济关系中，政府所扮演的角色不仅是非常特殊的，更是非常复杂的。政府的角色主要是保费补贴的供给者、农业保险活动的组织者和宣传者、保险人定损和理赔等工作的协助者。

2. 政府的职责

在这种特殊情况下，政策性农业保险不仅需要对政府及其部门的权力给出一个明确的界定，还要对政府及其部门的责任边界做出明确界定。若是权利和责任边界无法明晰，将会导致政策性农业保险无法顺畅运作。

（1）中央政府各部门的职责

国务院建立由国家发改委、国务院民政部门、国务院财税部门、国务院水利部门、国务院农业行政主管部门、国务院林业行政主管部门、国务院气象部门和国务院保险监督管理机构等部门参加的农业保险工作协调机制，指导和协调全国农业保险工作。《农业保险条例》对中央政府各部门的职责规定：首先，要监督管理、协同推进和信息共享；其次，要加强宣传，组织引导农民和农业生产组织参加农业保险；再次，要提供财政支持；最后，要建立农业保险大灾风险分散机制。

（2）地方政府的职责

《农业保险条例》对地方政府的职责规定如下。

①自主选择农业保险经营模式。《农业保险条例》第三条第三款规定："省、自治区、直辖市人民政府可以确定适合本地区实际的农业保险经营模式。"

②统一领导和组织本地农业保险工作。《农业保险条例》第五条规定："县级以上地方人民政府统一领导、组织、协调本行政区域的农业保险工作，建立健全推进农业保险发展的工作机制。县级以上地方人民政府有关部门按照本级人民政府规定的职责，负责本行政区域农业保险推进、管理的相关工作。"

③加强农业保险宣传，组织引导农民和农业生产组织参加农业保险。《农业保险条例》第六条规定："国务院有关部门、机构和地方各级人民政府及其有关部门应当采取多种形式，加强对农业保险的宣传，提高农民和农业生产经营组织的保险意识，组织引导农民和农业生产经营组织积极参加农业保险。"

④提供财政支持。《农业保险条例》第七条第二款规定："鼓励地方人民政府采取由地方财政给予保险费补贴等措施，支持发展农业保险。"

⑤支持建立农业保险基层服务网络。《农业保险条例》第九条第二款规定："国家支持保险机构建立适应农业保险业务发展需要的基层服务体系。"

⑥协助办理农业保险业务。《农业保险条例》第二十一条规定："保险机构可以委托基层农业技术推广等机构协助办理农业保险业务。"

综上所述，依据各级政府及其机构职责的相关规定，不管是中央政府部门，还是地方政府部门，只具备条例规定范围内所规定的责任和权力，各级政府的行为，不管是干预农业保险的直接业务经营，还是干预农业保险的再保险业务经营，都将会对政策性农业保险市场产生影响，使其发生扭曲，从而产生严重后果，这种后果并不只是一种设想，而是早已发生过的事件。

二、农业保险主体的博弈分析

（一）农业保险的经营主体和客体与投保人

第一，农业保险的经营主体包括政府、商业保险公司和农户。政府又分为地方政府和中央政府，经营主体的组织形式有国有独资公司、股份制公司、相互合作制公司等。经营主体的经营方式包括政策性经营、商业性经营、合作性经营三种。农业保险的经营客体即农业保险合同所指向的保险利益，它分为常规和特种农副产品两类，前者就是农林牧副渔业中的粮、棉、油、猪、牛、羊、鱼等较为常见的传统农副产品，这些农产品价值相对较低，产量大，其中粮、棉属于国家战略贮备部分，后者是指单位附加值高的特种养殖和种植，具有商业化程度高、市场运作成熟的特点，如鲜花、名贵药材。投保人是指与保险标的具有直接经济利益的农户、公司、农场主、专业户，如烟草保险中的烟农、烟草公司。

（二）农业保险主体间的博弈

不管是怎样的行为主体，他们除了有着不同的目标函数之外，还有着不同的价值取向，要想使自身利益能够在农业保险市场上最大化，并且形成利益之间的相互影响和互动关系。就农业保险的利益主体而言，目前至少包括政府、保险人和投保人三方。

博弈论是围绕着相互依赖、相互影响的决策主体的理性决策行为以及这些决策均衡结果而展开研究的理论。博弈的分析范式主要包括四项内容，分别是局中人、策略、支付和均衡。近年来，在基础经济理论的相关研究中，博弈论成为一种被研究者们普遍运用的工具，此外当存在多主体的经济现象时，人们在研究过程中都开始采用博弈问题的分析范式来进行研究。

农业保险的各主体之间存在十分复杂的利益博弈关系，因此十分有必要在不同利益主体之间建立起一个相对合理的利益协调及分配机制。此外，为使农业保险的有效供求增加，有必要建立一个公平的博弈游戏规则，来对相关利益方的行为进行约束和规范。在遵守博弈规则的条件下，利益博弈的结果会形成动态的利益制衡。

1. 政府与保险公司的博弈行为分析

不管是政府还是保险公司在博弈行为中都是局中人，这里的保险公司是指既接受了政府资助，又接受了政府补贴，并且展开农业保险经营的诸多组织形式的保险人的总称。

（1）策略集合

关于政府的选择策略主要有两种，其一是资助农业保险业务；其二是不资助农业保险业务。而关于保险公司的选择策略，同样有两个选择策略，其一是开展农业保险；其二是不开展农业保险。

（2）参数假定

我们将政府方面给予农业保险业务的相关资助的参数假定为 C_1，将政府方面从农业保险业务中可获得的相关收益的参数假定为 R_1。将保险公司单方面在开展农业保险业务过程中发生亏损的参数假定为 L，这时若政府资助则还能获得资助 C_1，则可证明政府的监测保险公司行为具有足够理性；反之，若保险公司接受资助后并没有开展相关保险业务，这时保险公司将得到一个惩罚 F（$F \in [0，C_1]$），并且在这种状况下，政府将采取永远终止对保险公司的资助的措施。

（3）支付矩阵

若是政府方面采取资助农业保险的行为，保险公司方面则采取响应政府的号召，以及开展农业保险的行为，这时政府的得益是 R_1-C_1，相应的保险公司的得益就是经营农业保险的亏损与政府资助两方面内容之和，即 $-L+C_1$。若是政府方面采取资助农业保险的行为，保险公司方面采取名义上响应政府的号召，但是在实质上没有开展农业保险的行为，那么政府的得益是 $F-C_1$，相应的保险公司将受到惩罚 F，保险公司的得益为 $-F+C_1$。反之，若是政府方面采取不资助农业保险的行为，保险公司方面则是坚持开展农业保险的得益是亏损 $-L$，政府的得益是 R_1。保险公司若不开展农业保险，则博弈双方的得益都是 0。保险公司和政府的博弈得益矩阵，如表 3-1 所示。

表 3-1　政府和保险公司博弈的得益矩阵

政府＼保险公司	开展	不开展
资助	（R_1-C_1，$-L+C_1$）	（$F-C_1$，$-F+C_1$）
不资助	（R_1，$-L$）	（0，0）

（4）均衡讨论

第一，一次博弈。首先组合（R_1，$-L$）和（$F-C_1$，$-F+C_1$）都不是理性的博弈主体的可能均衡结果。因此，博弈的均衡只能是组合（R_1-C_1，$-L+C_1$）和（0，0）。考虑组合（R_1-C_1，$-L+C_1$）政府资助农业保险的情况，若政府的支持力度 C_1 不能够补偿保险公司的保险业务亏损，即 $-L+C_1 < 0$，而 $-F+C_1 \geqslant 0$，则博弈的均衡是组合（0，0）。

只有当 $-L+C_1 \geqslant -F+C_1 \geqslant 0$ 时，即 $C_1 \geqslant F \geqslant L$ 时，该博弈的均衡解是（R_1-C_1，$-L+C_1$），也就是说，在一次博弈中，除非政府资助和惩罚都足够大，并且具有较强的监督力，否则博弈的均衡解一定是（0，0）。

第二，无限次重复博弈。考虑农业保险是一个无限期项目，政府与保险公司的博弈合作是一个无限次重复博弈过程。若博弈双方选择了策略组合，即（R_1-C_1，$-L+C_1$），则保险公司的无限次得益现值为（$-L+C_1$）×（$1+1/r$）。

其中，r 为无风险利率。策略组合（R_1-C_1，$-L+C_1$）成为博弈均衡解的条件如下式所示。

$$(-L+C_1)\times(1+1/r)\geq -F+C_1\geq 0，即 C_1\geq L(1+r)-F\times r$$

由此可以证明 $dC_1/dF\geq -r$，也就是政府的资助和政府对保险公司消极欺瞒行为的惩罚之间具有替代关系：当政府对保险公司欺瞒行为的惩罚 $F=C_1$ 时，此时的均衡条件仅仅要求 $C_1>L$，即政府每年的资助至少应能够补偿保险公司经营农业保险的亏损本金。

当政府对保险公司欺瞒行为的惩罚 $F=0$ 时，博弈均衡的条件应满足 $C_1>L(1+r)$，即政府每年的资助不但应补偿保险公司经营农业保险的亏损本金，还要足够补偿亏损金额的无风险机会收益。

当 $F\in(0，C_1)$ 时，则 $C_1\in(L，L(1+r))$，政府的资助和政府的惩罚相互替代：政府对保险公司欺瞒行为的惩罚增加，则可以减少提供的资助；反之，政府提供的资助增加，则可以降低惩罚警示程度。总之，政府实施"胡萝卜加大棒"策略总是能促成博弈的合作均衡。

2. 农民与保险公司的博弈行为分析

（1）策略

保险公司与农民之间的博弈就是一个顺序动态博弈。一方面，关于保险公司的策略述说起来主要有开展农业保险和不开展农业保险两种；另一方面，当保险公司开展农业保险时，关于农户的反应策略主要有不参加农业保险的反应策略、参加农业保险但不积极防损的反应策略以及参加农业保险后仍然积极防损的反应策略三种。

（2）参数假定

将农业风险发生的概率的参数假定为 P_1，将农民风险暴露的农业资产的参数假定为 T，将农业风险发生时农业资产的净产值的参数假定为 W，$T>W$。将无农业保险的情况下，相关农民正常的防损支出参数假定为 D，将农业保险的保费参数假定为 B，将农民参保后发生风险损失可获得赔付率为 λ 的赔偿参数假定为 λT，$\lambda\in(0，1)$。若农民参保后放弃积极防损，则农业风险发生的概率上升为 P_2，即 $P_2>P_1$。

此外，保险公司正常情况下，所开展农业保险的亏损如下式。

$$L_1 = B - \lambda (T - R) P_1$$

农民参保后放弃积极防损，则保险公司的亏损上升到下式。

$$L_2 = B - \lambda (T - W) P_2$$

（3）收支

若保险公司不开展农业保险业务，则保险公司的得益是 0；农民的自主防损成本是 D，农业资产收益为 $T(1-P_1)+WP_1$。

因此，农民的得益为 $T(1-P_1)+WP_1-D$。

若保险公司开展农业保险业务，但农民不参加农业保险，则保险公司的得益是 0；农民的自主防损成本是 D，农业资产收益仍是 $T(1-P_1)+WP_1$，因此农民的得益仍是 $T(1-P_1)+WP_1-D$。

若保险公司开展农业保险业务，农民参保并积极防损，农业风险的概率不变，仍为 P_1，则保险公司的得益为 $B-\lambda (T-W) P_1$。

农民的自主防损成本是 D，保费支出是 B，农民农业资产收益的均值为 $T(1-P_1)+(W+\lambda (T-W)) P_1$。

其中，$\lambda (T-W)$ 是农业风险发生时，农民获得的保险公司的赔付。因此农民的得益为 $T(1-P_1)+(W+\lambda (T-W) P_1-D-B)$。

若保险公司开展农业保险业务，农民参保但放弃积极防损，农业风险的概率上升为 P_1，则保险公司的得益为 $B-\lambda (T-W) P_2$。

农民的自主防损成本是 0，保费支出是 B，农民的农业资产收益的均值为 $T(1-P_2)+(W+\lambda (T-W)) P_2$。

此时，农民的得益为 $T(1-P_2)+(W+\lambda (T-W) P_2-D-B)$。

（4）均衡的讨论

第一，假设农民不参加农业保险，只是依靠自我保护来防损，在这种状况下，农民付出防损支出获得的收益，相较于没有防损行为的收益是要大于的，反之农民不会支出防损费用，则如下式所示。

$$T(1-P_1)+WP_1-D > T(1-P_2)+WP_2 = D/((T-W)(P_2-P_1)) < 1$$

令 $U=D/((T-W)(P_2-P_1))$，定义 U 为无农业保险时农民自主防损的权衡系数，当 $U<1$ 时，$(T-W)(P_2-P_1) > D$，即防损收益要大于防损支出，此时农民会积极防损。反之，农民就会坐等风险发生。

第二，完美的博弈均衡解是保险公司能够和农户合作，而农户没有消极防损的道德风险行为。博弈能够达到合作均衡解的条件，对于保险公司如下式所示。

$$B-\lambda(T-W)P_1 \geqslant 0，即 B \geqslant \lambda(T-W)P_1$$

对于农户如下式所示。

$$T(1-P_1)+W+\lambda(W+\lambda(T-W))P_1-D-B \geqslant T(1-P_1)+WP_1-D$$

$$即 B \leqslant \lambda(T-W)P_1$$

同时，为避免农户的道德风险行为，赔付比率还应同时满足条件如下式所示。

$$T(1-P_2)+(W+\lambda(T-W))P_2-B < T(1-P_1)+(W+\lambda(T-W))P_1-D-B$$

$$即 1-\lambda > D/((T-W)(P_2-P_1))$$

因此，博弈的均衡条件最终如下式所示。

$$B=\lambda(T-W)P_1，且 1-\lambda > D/((T-W)(P_2-P_1))$$

若定义 $D/((T-W)(P_2-P_1))$ 为农民自主防损收益的费用率，在这种状况下，保险公司的未赔付比率相较于农民自主防损的费用率要高，否则将导致农民将有放弃自主防损的道德风险，最终导致不能实现双赢的合作均衡。

3. 保险公司和政府以及农民的博弈行为分析

由保险公司与农户博弈的均衡结果我们可知，保险公司开展农业保险的得益 $L=0$。将 $L=0$ 带入保险公司与政府的博弈得益矩阵，如表 3-2 所示。

表 3-2 政府和保险公司博弈的得益矩阵

保险公司 政府	开展	不开展
资助	$(R_1-C_1,\ C_1)$	$(F-C_1,\ -F+C_1)$。
不资助	$(R_1,\ 0)$	$(0,\ 0)$

显然，博弈的均衡是组合 $(R_1-C_1,\ C_1)$，即依靠政府的资助，保险公司开展保险。三方博弈的均衡条件是：$C_1 \geqslant F \geqslant 0$；$B=\lambda(T-W)P_1$；$1-\lambda > U$，$U=D/(T-W)(P_2-P_1))$，即无农业保险时农民自主防损的权衡系数，定义 $1-\lambda$

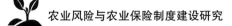

为保险公司的未赔付比率。通过以上对农业保险各博弈主体的行为分析，我们可以得到以下启示。

①农业保险的开展离不开政府的支持。保险公司与农户的博弈结果显示，保险公司开展农业保险的得益 $L=0$，是一种劳而无功的业务，保险公司缺乏主动开展农业保险的利益驱动。同时，鉴于上文分析的农业保险属性以及农业保险的经济效应等因素的考虑，政府支持农业保险业务开展是十分重要的。

②科学界定政府在农业保险业务开展中的定位。

一方面，政府要合理把握支持农业保险开展的力度。鉴于行为主体间目标效用偏好的差异，以及信息不对称等因素的影响，政府在补偿保险公司开展农业保险损益时，不但应考虑保险公司经营农业保险业务的亏损本金，还要考虑亏损金额的无风险机会收益，即 $C_1 > L(1+r)$。人们经过研究还发现政府的资助和惩罚具有替代性，这就要求政府在支持农业保险开展时要注意完善和健全相关激励机制和约束机制，科学制定资助标准，即满足 $C_1 \geqslant F \geqslant 0$。

另一方面，由于农业保险的特殊性，政府在农业保险开展的关联领域也要给予适当扶持（如保险公司农业保险技术研发方面），借此提高保险公司的风险收益，促使均衡条件 $B=\lambda(T-W)P_1$ 的形成。同时，政府还应在农业保险文化氛围营造、农民素质提高方面加大力度，以提高农户参保意识，降低农户参保过程中道德风险的发生概率，促进保险公司和农户合作，进而得到完美的博弈均衡解。

第四章　农业保险的法律制度建设

农业保险作为一种农业发展与保护制度，对于相关法律的依赖程度是相当强的。本章分为我国农业保险政策演变与法律制度分析、国外的农业保险法律与模式经验借鉴和农业保险立法保障与相关建议三部分。

第一节　我国农业保险政策演变与法律制度分析

一、我国农业保险的运作情况

我国的农业保险起步较晚，虽然在 1950 年到 1959 年中国人民保险公司就曾经独家试办农业保险，但最后在诸多因素的综合影响下而停办。我国到 20 世纪 80 年代初才推出了真正的农业保险。经过约四十年的发展，我国的农业保险已日渐成熟，对农业生产的保障作用也日渐显现。总的来说，我国农业保险经营具有以下特征。

（一）经营环境不佳

我国农业保险实施不力的直接原因包括农业保险经营环境不佳、农业生产状况不佳、农民参与农业保险的意识不强等方面。20 世纪 80 年代初，农村的劳动力非常充裕，农民还没有外出务工的意识，所以农业的发展十分迅速，对工业的发展起到了基础性的支撑作用。在良好的政策环境的影响之下，农民努力提升耕地产量和增加家庭收入。我国 1982 年出台的农业保险政策优势在于分散农业的经营风险，并增强农民的抗灾能力，从而迅速在全国广大农村地区普及开来，并收获了积极的效果。进入 20 世纪 90 年代中期，随着市场经济体制的逐渐建立，市场经济意识逐渐向农村扩展，农民正在对农业生产失去兴趣，他们更多地考虑怎样通过自己的劳动来创造更多的财富，从而创建更加富裕的家庭。因此，出现了一波波民工潮，西部地区大量的农村青壮年劳动力涌向东南沿海城市。这间接使得农业保险处于停滞状态。

（二）经营主体多元化

我国刚推出农业保险政策时，因为其新颖性而受广大农民的青睐，所以取得了迅猛的发展。此时，由中国人民保险公司经营国内的大部分农业保险业务，同时在局部地区由地方保险公司经营地区性农业保险，如中华联合财产保险股份有限公司，在我国国内，这两家企业经营农业保险业务的时间最长，也拥有非常丰富的经验。在 2004 年以后，银保监会先后批准在国内成立几家地区性农业保险公司，包括上海安信农业保险公司、吉林华农业保险公司等。

（三）经营状况有所改善

1982 年，中国人民保险公司先在国内推出了农业保险产品，受到了农民的广泛欢迎。近年来，我国的农业保险一直保持良好的经营状况，可以说这一时期是我国农业保险发展的黄金时期。1992 年后，我国农业保险业务急剧下降，保费收入也随之急剧减少，农业保险在我国面临着失败的危险。这种情况得到了国家的高度重视，2004 年《国务院关于促进农民增加收入若干政策的意见》明确指出，要加快创建和实施我国的农业保险制度。据银保监会数据，截至2019 年末，农业保险承保农作物超过 270 种，基本覆盖常见农作物，备案扶贫专属农业保险产品 425 个，价格保险、收入保险、"保险＋期货"等新型险种快速发展。2019 年 1～12 月，农业保险参保农户 1.91 亿户次，提供风险保障 3.81万亿元，支付赔款 560.20 亿元，受益农户 4918.25 万户次。目前，我国农业保险的业务规模已经仅次美国，居世界第二，亚洲第一。

（四）农业保险市场供求状况不均衡

我国农业保险市场的供求状况也存在不均衡的特征，我国农业保险在过去的三十多年里采取的是商业保险公司运作模式。这是由商业保险公司趋利避害的本性决定的，其偏向在自然灾害较轻的地区开展保险服务，但受灾较轻地区的农民没有相对较高的参与农业保险的热情，而对于重灾区的农民来讲，他们即使有想法也很难购买那些称心如意的农业保险产品。现有的农业保险商业经营模式很难调和供需矛盾。这不仅来源于固有的农业保险的道德风险与各方主体的"经济人"特性，也由于我国农业保险本身就有设计缺陷存在，且农业保险产品的品种有限，尤其是在那些自然灾害严重的地区，农业保险更加薄弱。

二、我国农业保险政策演变

（一）改革开放以来农业保险体制的重大变革

改革开放以来，我国对农业保险发展进行了积极探索，经历了从恢复发展到逐步萎缩再到稳步发展的曲折历程。

1. 恢复发展阶段

这一阶段主要是指 1982 年至 1992 年，按照国务院的要求，中国人民保险公司在 1982 年就开始全面恢复农业保险业务。1986 年，我国成立了中华联合财产保险股份有限公司，主要负责农业保险业务的经营。农业保险根据"收支平衡，略有结余，以备大灾之年"的经营原则，不以营利为目的，保费收入从 1982 年的 2.3 万元上升到 1992 年的 8.17 亿元。尽管这一时期的赔付率非常高，11 年间有 5 年的赔付率超过 100%，呈现"大干大赔"的现象，但农业保险品种从 1982 年恢复试办时仅有的生猪、大牲畜等几个险种，到 1992 年时发展了棉花、水稻、烤烟、鸡、兔、羊、对虾养殖和扇贝养殖等近百个险种，涉及领域包括农业、林业、畜牧业和渔业等，为保障农村经济稳定发展做出了积极贡献。

2. 逐渐萎缩阶段

这一阶段主要是指 1993 年至 2003 年。由于农业保险存在较大的经营风险和较高的经营成本，以及国家财政扶持十分缺乏等因素，保险公司经营农业保险时呈现持续亏损的状况。从 1993 年起，农业保险保费收入开始逐年降低，农业保险险种和规模不断减少，即便这样，11 年中仍有 3 年的赔付率超过 100%。特别是自 1996 年起，保险公司开始向商业化转型，国家和有关部门没有同时制定支持农业保险的发展政策，而且在处理农村乱收费的现象时，以乱收费的名义取缔了农业保险费的收取，因此使得农业保险缺乏基层乡镇机构和农技部门的支持，从而使业务进一步减少。

3. 稳步发展阶段

党中央、国务院自党的十六大以来，对农业保险发展投入了高度的重视。十六届三中全会《中共中央关于完善社会主义市场经济体制若干问题的决定》、2004 年至 2008 年连续五年的"中央一号文件"、国家"十一五"规划、2006 年的国发 23 号文件都明确对农业保险的发展提出了要求。各地区和有关部门对中央文件精神予以认真贯彻落实，以使农业保险的发展得到积极推进。中国渔业互保协会也在积极探索渔业的保险经营，且保险保费收入自 2004 年起也出现了持续性上升的趋势。

4. 加速发展阶段

2009 年以来，我国农业保险发展取得了长足进步。每年的"中央一号文件"均提到了保障农业发展，支持农业保险发展。2012 年，农业保险在全国各省的规模不断扩大，农业保险业务质量也有实质性提升。《农业保险条例》的颁布，使我国农业保险从此有法可依。可以说，2012 年是中国农业保险的一个"吉祥喜庆年"。

（二）党的十六大以来农业保险政策的演变

自党的十六大以来，中央持续探索支持农业和农村发展的途径与方式，开始重视那些之前被忽略的农业保险支持政策，国家出台了一系列政策以更好地支持农业保险的发展，由此可见，农业保险迎来了发展的春天。

在农业保险业务不断减少的背景下，2002 年 12 月 28 日，修订后的《农业法》第 46 条规定：国家逐步建立和完善政策性农业保险制度。该规定首次明确地将农业保险界定为"政策性保险"，并以法律的形式为农业保险做出规定，这是中国农业保险发展的里程碑。2003 年，党的十六届三中全会通过的《中共中央关于完善社会主义市场经济体制若干问题的决定》明确提出，要探索建立政策性农业保险制度，将促进农业保险发展作为党今后一段时期的主要工作任务之一。2004 年初，中央首次以"一号文件"的形式提出了我国应加快建立政策性农业保险制度，选择部分产品和部分地区率先试点。该政策积极鼓励地方政府组织实施农业保险试点工作，促进了农业保险业务的良好开展。中国银保监会和地方政府在这一政策的指导之下开始积极推进农业保险试点，2004 年先后批准成立了上海安信农业保险股份有限公司、吉林安华农业保险股份有限公司和法国安盟成都分公司三家专业性农业保险公司。

2012 年"中央一号文件"继续就农业保险问题做了安排，指出要扩大农业保险险种和覆盖面，开展设施农业保费补贴试点，扩大森林保险保费补贴试点范围，扶持发展渔业互助保险，鼓励地方开展优势农产品生产保险，健全农业再保险体系，逐步建立中央财政支持下的农业大灾风险转移分散机制。

2013 年"中央一号文件"规定了健全政策性农业保险制度，指出要完善农业保险保费补贴政策，加大对中西部地区、生产大县农业保险的保费补贴力度，适当提高部分险种的保费补贴比例。

而到 2019 年"中央一号文件"对于大灾保险、地方优势特色农产品保险等险种的落地提供了政策支持，业内专家对此持有积极态度，但也同时指出，文件立意于提升保障水平，但可持续性问题仍待解决。

从历年农业保险政策的演变来看，党中央对农业保险工作是非常重视的。鼓励建立政策性农业保险机制和农业再保险机制，建立农业巨灾风险分散机制，强调增加农业保险保费补贴等。政策来源于生活，是人们政治经济需求在国家层面的制度回应。当然，政策具有灵活性和时效性，会随着一国经济状况的变动而变动。一项好的政策，只有上升为法律，其对经济发展和社会生活的促进作用才会因此而固定下来。

三、我国农业保险法律制度现状与相关规定

从 1949 年新中国成立起，我国农业保险已经走过 71 个年头。在这 71 年中，农业保险伴随着中国经济体制的变迁、改革与发展，经历了"三起两落"。20 世纪 80 年代至今，农业保险运作状况一直不佳，除去农业保险经营成本高、收益低、风险难以控制等原因外，还因为我国缺乏法律法规的正确引导。我国农业保险要实现长远的发展，真正发挥农业生产的保障作用、农民收入的稳定器作用，还必须将其纳入法治建设的轨道。1985 年颁布的《保险企业管理暂行条例》第 5 条规定："国家鼓励保险企业发展农村业务，为农民提供保险服务，保险业应支持农民在自愿的基础上集股设立农村互助保险合作社，其业务范围的管理办法另行制定。"这是我国第一次较为明确地提出要建立农业保险法律制度。

这一规定出台的背景是，1983 年颁布实施《中华人民共和国财产保险合同条例》之后，保险主体在当时只有中国人民保险公司一家经营的情况下，保险企业的很多市场行为无法满足国家的相关规定，主要是在合同管理和资金运营以及中国人民保险公司怎样在行政上与政府职能部门界定等方面存在问题。这些问题在当时已经给中国人民保险公司的发展造成了严重影响，有的甚至为其带来了严重的经营风险。例如，很多分支公司受当地政府的限制，对地方企业进行大量贷款或委托贷款，在贷款过程中因为不是专业的信贷机构，没用严格遵循信贷风险与保险公司资金运营中的流动性和安全性原则，有些贷款完全是当地行政长官的意志，没有任何抵押手续。但由于这是一种靠行政命令的形式开展的农村互助合作社，在经营制度方面缺乏必要的管理经验，特别是这种法律体系缺乏严格的调查研究，在立法上对农业保险的性质、组织、约束没有规定，最终以失败而告终。目前，我国涉及农业保险的法律法规主要有《农业法》《保险法》《农业保险条例》等。

（一）《农业法》相关规定

《农业法》是我国有关农业的基本大法，分别对农业生产经营体制、农业生产、粮食安全、农业资源与环境保护、农民权益保护、农村经济发展和执法监督等做了较为完善的规定。然而就在这部农业基本大法中，涉及农业保险的仅有一条，即《农业法》第46条，该条规定："国家建立和完善农业保险制度。国家逐步建立和完善政策性农业保险制度。鼓励和扶持农民和农业生产经营组织建立为农业生产经营活动服务的互助合作保险组织，鼓励商业性保险公司开展农业保险业务。农业保险实行自愿原则。任何组织和个人不得强制农民和农业生产经营组织参加农业保险。"

由此可见，国家对农业保险是予以支持和鼓励的，并且鼓励其建立民间互助合作保险组织和商业保险公司经营政策性保险，投保实行自愿原则，并不仿照其他国家实行强制保险；但该条规定也存在一些问题，比如过于原则，对农业保险的鼓励和扶持仅停留在抽象的规定上，没有具体的细则，很难在实际操作中加以应用。

（二）《保险法》相关规定

《保险法》于1995年颁布施行。该法对保险合同、保险公司、保险经营规则、保险代理人和保险经纪人、保险业监督管理、法律责任等做了规定。2002年修正的《保险法》主要规定了商业性保险公司的经营行为，并非常笼统地规定了农业保险的规定，其中只有第155条规定："国家支持为农业生产服务的保险事业，农业保险由法律、行政法规另行规定"。

2009年10月1日起修订施行的《保险法》中，提及农业保险的仅有一处，即《保险法》附则第186条："国家支持发展为农业生产服务的保险事业。农业保险由法律、行政法规另行规定。"这种附则规定在于弥补法律条文的不足之处，是在重点考虑之外而为完善法律增加的，本身在《保险法》中仍处于边缘地位，且口号式的规定对于农业保险工作的开展并无实际意义。

从1995年《保险法》颁布以来，曾连续三次谈到的所谓"由法律、行政法规另行规定"的农业保险法也迟迟未见踪影。近几年，我国保险业特别是农业保险出现了一些新情况、新问题，《保险法》已不能满足当前经济发展的需要。

（三）《农业保险条例》相关规定

无论是"国十条"（《国务院关于保险业改革发展的若干意见》）或"中

央一号文件",其规范均是原则性和方向性意见,财政、税务、农牧等相关部门并没有制定相关政策的具体办法,更没有构建相关的协调机制。就财政补贴的规范来看,虽然历年"中央一号文件"都提及政府补贴问题,但都十分原则,财政部也没有及时出台相关具体办法,这就导致各地出台的实施办法没有参照,在财政补贴力度、补贴范围及其他补贴形式等核心问题上很难形成长效机制,并且在很大程度上造成了监管的困难。因此,理论界和实务界关于我国农业保险的发展达成了一个共识,即必须加快农业保险立法步伐。综观世界各国,在发展农业保险问题上都是立法先行,构建充分的制度保障。我国这种法律规范的缺位状态,在很大程度上影响了农业保险的健康发展。

2012年《农业保险条例》千呼万唤始出来。这是我国第一部专门针对农业保险的行政法规。该条例的颁布终结了我国农业保险一直无法可依的状况。《农业保险条例》共5章、33条,分别规定了农业保险概念、财政补贴、法律责任等。《农业保险条例》有很多值得肯定的地方,如首次较为完整地界定了农业保险的概念。《农业保险条例》第2条规定:本条例所称农业保险,是指保险机构根据农业保险合同,对被保险人在种植业、林业、畜牧业和渔业生产中因保险标的遭受约定的自然灾害、意外事故、疫病、疾病等保险事故所造成的财产损失,承担赔偿保险金责任的保险活动。对农业保险监督管理部门及其职责进行了明确,对其他相关部门如财政部门、农业部门、林业部门等的职责权限也做了规定,对农业保险合同双方当事人及其权利义务进行了较为完善的规定,规定了农业保险的投保主体,包括农民、农业生产经营组织、村民委员会等。但综观我国现行法律制度,尚无一项规制农业保险的基本法,这可以说是一个遗憾。

四、我国农业保险法律制度现状的原因分析

(一)主观因素

1. 对农业保险的重要性认识不足

在持有反对农业保险立法观点的人看来,我国目前的农业保险仍缺乏现实的生存基础,农业发展中首先要解决农民生存问题,其次是农村稳定问题,之后才是农业保险问题。政府在解决农民的生存问题和农村的稳定问题上已经付出了相当的人力、财力、物力,要想大面积推广农业保险,还需要政府加大财政补贴及税收等方面的扶持,这对于刚减免农业税的国家而言又是一大笔新的

财政支出。所以，农业保险的开展尚未达到某种重要和紧迫程度，也就没有必要将农业保险立法工作提到日程上来。

2. 对农业保险的政策性属性认识不足

在我国农业保险立法的过程中，人们对农业保险政策性质的认识和判断是一个关键因素。如果对农业保险的政策性质认识不准确，则必然会陷入这样的误区，即农业保险与一般的商业性保险并无不同，而我国现有的规范商业性保险的《保险法》必定可以为农业保险提供法律规范和保障，那么就没有制定单行的农业保险法律规范性文件的意义和价值，也就没有必要开展农业保险立法活动。由此可见，农业保险的政策性质是农业保险不同于一般商业保险的重要地方，也是农业保险从一般商业保险中分离出来单独立法的重要依据。不管是借鉴国外农业保险的经验，还是总结我国几十年的农业保险实践，将一般的农业保险定位于政策性保险，并对其提供政策性扶持是开展农业保险的必然选择。然而，人们是在经历了几十年的实践努力之后才总结出来这样的结论，反复探讨这一问题也对我国农业保险的立法进程产生了直接影响。

3. 对农业保险立法先行的必要性认识不足

虽然有人已经意识到开展农业保险十分重要，但还是有许多人认为农业保险立法为时太早，由于在农业保险实践中还需要解决太多的问题，所以在没有找到解决所有问题的途径之前就不能开展农业保险的立法工作。

4. 农业保险的性质未以法律的形式加以明确

由于农业作为国家第一产业，关系到国计民生，所以其受国家政策的影响很大，而农业保险作为保障农业生产安全、粮食安全的险种也理所当然地具有鲜明的政策导向性。但目前我国无论是国家法律还是政策规章均未对农业保险的性质、运营模式、险种类别、保险费率等基本问题做出规定，如现行的《保险法》中就没有关于农业保险的相关规定，所以一直将农业保险视为商业保险，在实践中也一直采用《保险法》对其进行规范和调节。但由于农业保险具有较强的政策性甚至政治性，直接关系到国计民生，所以将农业保险定位于商业保险性质，并用《保险法》来规制显然与农业保险的性质不符。

（二）客观因素

我国农村法制建设总体较为落后，有的领域存在立法上的空白，并且没有出台一些急需的法律，使广大农村基层干部和群众无法可依；有些法律法规没有适时修改，已经无法适应新农村建设的客观需要。在整个"三农"立法滞后的背景下，可想而知开展农业保险立法的难度会有多大。除此之外，在城乡二元社会结构下，农民必然处于弱势群体地位，导致农民群体作为利益集团争取立法保护的能力也相对较弱。

从全国来看，农民力量十分分散。中国缺乏一个可以有效整合农民利益的组织，不存在一个代表农民利益的专门机构。在国家权力机构面前，农民个体缺乏对政治资源的控制能力、社会行为能力和利益表达能力。所以，在各类国家权力和政府的决策机构中，几乎很少有代表农民利益的声音，在制定和实施农业政策的过程中，也通常使得农民被边缘化。

另外，农业保险机构非常少，并且还缺少健全的组织体系。农业保险领域包含了种植业和养殖业行业，其中所涉及的农产品种类数以万计，状态特征各异、覆盖面广、风险难以控制、保险责任大，导致我国目前开设农业保险的机构屈指可数。另外，由于我国农业保险法律制度的缺失，农业保险的经营模式并未得以确立，经营农业保险的机构很单一，仅由商业性保险公司经营农业保险，且其内部组织体系混乱，对于农业保险业务没有专门的研究机构和运营团队，对农业保险业务的开展未给予同普通商业保险同等的重视，尚未形成专业性、政策性的专门农业保险公司。而纵观世界范围内的农业保险组织机构，人们可以发现种类多样、特征鲜明、体系完整的政策性农业保险公司、相互保险公司、商业性保险公司以及由农民自己组成的保险合作组织等。各国根据本国国情和农业生产经营特点，有效整合了相应的组织机构形式，取得了良好的效果。而我国地域广阔、自然环境复杂、农业地域分布特点明显，目前也急需发展多种类的、具有健全组织体系的保险经营组织来开展农业保险业务，以活跃和刺激农业保险市场，适应我国的农业发展的国情需要。

第二节　国外的农业保险法律与模式经验借鉴

一、国外农业保险的立法

（一）美国的农业物保险法

1922 年，美国开始考虑将农作物保险作为政府的政策工具。美国财政部在这一年成立了农业灾害保险部，农业灾害保险被立案并组成专门委员会进行调查研究。1929 年，美国和其他西方国家爆发了严重的经济危机，罗斯福政府为了回升在经济危机中暴跌的农产品价格，降低生产费用，并使土地资源得到合理利用，1933 年制定出台了著名的《农业调整法》。然而，1934 年和 1936 年的大面积旱灾给美国的农作物造成了巨大的损失，以价格为中心的《农业调整法》没有达到目的。罗斯福总统所任命的农作物保险执行委员会（ECCI）再次研究农作物歉收的保险保障问题。在论证的基础上，美国《联邦农作物保险法》随之产生。自 1939 年颁布《联邦农作物保险法》后，到 1980 年其一共修改了十二次。经过第十二次修订颁布后，美国结束了农作物保险长达四十二年的试验，从 1980 年开始全面在全国正式推行。1994 年美国国会针对《联邦农作物保险法》存在的问题，尤其是连年赔付率过高的问题，再次大刀阔斧地修订了该法，《克林顿农作物保险改革法》由此产生。

（二）日本的农业灾害补偿法

1929 年，日本颁布了《家畜保险法》；1938 年，日本颁布了《农业保险法》；1947 年，日本又颁布了《农业灾害补偿法》。第一次世界大战之后，日本佃农与地主的矛盾尖化。为了缓和矛盾，并稳定农业生产。1927 年，日本政府开始组织力量，用长达十年的时间研究了农业尤其是农作物灾害与损失评估问题。1929 年，日本颁布了《家畜保险法》。1938 年，日本颁布了作为其经济、政治战略组成部分的《农业保险法》。1946 年，日本颁布了《土地改革法》，并废除了地主制度，以便充分调动农民的积极性，并使农业经济得到迅速恢复。但佃农成为自耕农以后，要完全独立承担生产和经营风险，而灾害很可能使其失去刚刚获得的土地。尤其是在日本东北地区和北海道，农民回避风险，不愿种植市场上非常短缺的稻谷。因此，日本政府在颁布《农业合作法》的同时，合并修订、补充了《家畜保险法》和《农业保险法》，产生了《农业灾害补偿法》。

二、国外农业保险经营模式的基本特征

（一）世界各国普遍采用保费补贴措施

在这方面，日美两国的做法具有代表性。在日本，政府按照不同的费率将保费补贴比例分成不同的档次，费率越高则补贴越高。除了补贴投保农户，政府对农业保险的供给方也提供业务成本补贴。日本政府承担共济组合联合会的全部费用和农业共济组合的部分费用。在美国，联邦农作物保险公司的大部分运营费用以及推广和宣传农作物保险的费用由联邦政府承担。同时在保费补贴方面，美国的保费补贴比例根据险种进行了一定的调整提升。

（二）世界各国对农业保险都采用行政保护

从全球农业保险的经营方式看，建立政府支持的政策性农业保险制度是农业保险发展的重要推动力，但政策性农业保险与政府的直接经营不一样。在政府推动农业保险发展的过程中，模式选择时应该考量效率和效用因素，简单地强调行政保护只会严重挫伤未受保护的相关部门的积极性，最终会制约和阻碍农业保险功能的发挥。农产品的准公共产品属性使得农业保险发展的公共性和外部性非常强，所以要建立保护农业的现代风险分散体系就首先需要建立政策性农业保险制度，并对农业保险实施一定程度的行政保护。

（三）世界各国都对农业保险给予立法保障

农业保险的特殊属性要求有相应的法律为其提供保障。作为农业支持措施，农业保险的地位、作用、保险范围等一系列的内容都需要有明确的法律依据。从国外农业保险立法的背景和农业保险制度变迁的角度进行考察，对农业保险进行立法的意义远远大于一般的商业规范性法律制度。

（四）世界各国以再保险方式为农业保险提供支持

农业保险的承保人把分散的风险汇集到一起，当风险集聚到一定规模就必须按照大数法则和保险经营规律进行再保险，以在更大范围内分散和转移风险。在农业生产遇到巨灾损失时，就会凸显农业再保险的重要性。世界各国的农业保险都以各种再保险组织形式进行分保。

（五）世界各国都在一定程度上强调农业保险的强制性

法律环境完善的美国对于农业保险虽然以自愿保险为基本原则，但是在1994年通过的《农业保险修正案》中也明确规定了各种具有强制性的条款，如不参加政府农作物保险计划的农民不可以参与政府提供的其他福利计划，并且在贷款、价格补贴等方面进行诸多限制。该法还要求购买附加险必须以巨灾保险为前提，否则不予承保。这些规定都具有了事实上的强制性。

三、国外农业保险模式的经验

（一）实行低费率高补贴政策

国外成功的农业保险，特别是发达的农业保险，都以低保费吸引农户，以高补贴维持运营。其中，加拿大1959年就在全国开办由政府组织的农作物保险，并且根据《农作物保险法》的规定，农民只需支付保费的50%，而不用负担保险的行政业务支出，由加拿大政府和农业保险集团共同分担保费的其余部分。在美国、法国，政府对农民所交保险费的补贴比例在 50%～80%，农民只交保费的 20%～50%，由政府支付其余的费用。日本政府根据费率的高低来增加对农业保险的补贴，费率在 2% 以下的政府补贴 50%，费率在 2%～4% 的政府补贴 55%，费率在 4% 以上的政府补贴 60%。日本政府对农业保险的补贴从 1975 年到 1986 年高达 2055 亿日元，农作物保险的承保面达到 90%。这种补贴政策在很大程度上调动了农民进行农业生产的积极性。

（二）建立全国性的再保险体系

为了有效化解农业保险高赔付对于农业保险经营的影响，实现在更大范围内对风险进行分散的目的，多数国家都在经营过程中采用全国分保的办法。例如，日本由政府向最高一层的保险联合会提供再保险；加拿大联邦政府对农业保险的支持则实行分级负责制，各省农业保险公司的再保险业务由联邦政府统一经营；在以财政补贴为主的美国，农作物再保险业务由联邦农作物保险公司直接经营，美国设立的联邦农作物保险公司等都是政策性的农业保险机构，而且还在全美范围批准成立了三十多家私营商业保险公司和再保险公司。由此可见，凡全国推行农业保险的国家，都由政府或政府扶持的商业保险公司、再保险公司为农业保险提供再保险。

（三）突出农业保险的功能定位

农业保险一般具有三种功能：第一，就农业部门而言，农业保险是农业风险管理的手段；第二，就农户而言，农业保险具有收入转移的作用；第三，就政府而言，农业保险兼有农业风险管理和收入转移的功能。目前，国外成功运营农业保险的国家通常将农业保险的功能定位在第二和第三种功能上。而从美国近些年的农业保险政策来看，其定位更多是偏向收入转移功能，美国的农业保险日益成为一个从财政向农业部门转移支付的重要工具。对农业保险功能的定位会直接影响农业保险的发展方向和方式。一个国家要发展农业保险，就必须先对农业保险的功能定位有一个正确认识，并根据功能定位和国情来选择最合适的发展方式。由于农业保险的功能定位不同，政府的扶持手段也将发生变化，因此为推动农业保险发展，政府必须对农业保险的功能定位做出相应的决策。

（四）国家立法支持农业保险的发展

市场经济发达的国家为了支持农业保险的发展，都以立法形式对农业保险的地位予以明确，各国都在 20 世纪中后期制定了单独的农业保险法，用法律的形式来使农业保险得到强化。例如，1947 年，日本政府制定颁布了《农业灾害补偿法》，该法对农业保险项目、保险责任、再保险、保险费率、理赔计算及许多做法用法律或法规予以规定。除此之外，日本的《农业灾害补偿法》还对一些涉及国家经济安全的大宗农产品实行强制性保险。尽管美国、加拿大不强制保险，但投保农业保险与农业信贷和其他农业支持措施挂钩，如果农户不参加农业保险，也就没有从政府获得农业信贷和其他支持措施的资格。

四、国外农业保险模式的经验对我国的启示

纵观世界各国的农业保险模式，通过对比分析几种不同的农业保险制度模式，我们可以看出以下几点。

（一）突出政府的主导作用

鉴于我国目前农户自愿投保率不高的现状，无论是专业的政策性农业保险公司，还是政策扶持商业保险公司经营农业保险业务，在保险业务拓展上都要建立诱导性和扶持性的运作机制。政策性农业保险可以将政策优惠与是否参保相联系，参保农户在农村信贷、灾后救济、税费减免等方面与是否参保挂钩，形成政府引导与扶持相结合的良好机制，以多种优惠政策诱导农户参保的积极性。

（二）必须明确农业保险的政策性

美国、日本、法国等国政府对农业保险都实行高额的补贴，这也是符合 WTO 原则的农业支持措施。中国加入 WTO 后，政府对于农业的保护将被限定于非价格的政策措施，因此农业保险是最可行的，也是国际普遍运用的非价格农业支持手段之一。WTO 有关协议明确规定政府可在财政上参与农业保险以支持本国农业，成立专业政策性保险公司有利于更好地保护我国的农业。因此，把农险业务从商业保险中分离出来，成立全国自上而下的政策性农业保险公司已是我国政府的当务之急。我国政府应该在财力允许的范围内，充分利用世贸组织原则，对政策性农业保险公司进行农业保险补贴，以促进我国农业保险体系的建立与进一步完善。

（三）农业保险不能走单纯的商业化之路

农业保险想要走单纯的商业化之路显然是行不通的，但同时也离不开商业保险公司的经营支持。所以，中国的农业保险必须走政府和商业保险相结合之

路，发挥政府、企业、农民三方之力，逐步建立多层次体系、多渠道支持、多主体经营的农业保险制度。

（四）农业保险的发展过程要有一定强制性

我国的农业保险即涉及农业和经济发展政策又涉及社会保障政策，对农业和农村的发展有战略意义，需要农民普遍参与，否则就会失去其政策意义。另外，对农业保险这类准公共产品实行自愿参加制度而不是在一定的范围内强制参加制度，可以肯定地说，其参与率会非常低，这样农业保险就很难持续经营下去。

（五）充分认识农业保险再保险体系的重要作用

世界各国的农业保险经营经验都强调建立农业巨灾分散机制。就农业保险的特点而言，其风险的高度关联性是导致农业保险承保风险难以分散，农业保险赔付率高的一个主要原因，因此要成功开展农业保险，必须建立巨灾分散机制。结合世界各国的经验，我国必须尽快建立以政府为主导的农业再保险公司，并通过多方合作积极进行巨灾风险基金的积累，以实现农业风险的多层次转移，保证农业保险的可持续发展。

综观上述分析，当前国际上运用的农业保险理论研究大多数是对农业保险制度模式的研究，而农业保险经营应该建立在"整体化推动、体系化联动、系统化行动"基础上，涵盖政策运行、制度研究、操作方法和服务举措四大板块，这整个经营过程中的四大板块所构成的模式体系才是我们所需要的、比较完整的农业保险经营模式。

第三节　农业保险立法保障与相关建议

一、我国农业保险立法保障的历史沿革

1993 年 7 月 2 日公布施行的《农业法》第 31 条规定："国家鼓励和扶持对农业的保险事业的发展，农业保险实行自愿原则。任何组织和个人不得强制农业劳动者和农业生产经营组织参加农业保险"。2002 年 12 月 28 日修订的《农业法》再次强调了农业保险的自愿原则。2002 年 10 月 28 日修改后的《保险法》，未修正农业保险。此后从 2004 年至 2012 年的"中央一号文件"对农业保险的发展提出了要求，中间更是明确指出要健全政策性农业保险制度，完善

农业保险保费补贴政策，加大对中西部地区、生产大县农业保险保费补贴力度，适当提高部分险种的保费补贴比例；开展农作物制种、渔业、农机、农房保险和重点国有林区森林保险保费补贴试点；推进建立财政支持的农业保险大灾风险分散机制。

然而，根据联合国开发计划署的标准，中国是世界上灾害频发、受灾面广、灾害损失严重的国家之一。现有《农业法》只规定了农业保险的自愿投保和多主体经营原则，而《保险法》侧重商业保险，主要是规范和保障商业性保险公司的经营行为，并且在该法中规定"农业保险由法律、行政法规另行规定"，明确排除了农业保险适用《保险法》的可能性。虽然我国在立法体例上对农业保险采取政策性保险与商业保险双轨运行的模式，但在实践中经常存在"长短腿"现象，以商业保险为主，政策性保险为次，并且由于缺失国家财政的强力保障，导致商业保险的"长腿"严重萎缩，陷入了两难的困境：如果根据市场规则厘定保险费率，那么会使农民保不起；如果根据农民能接受的价钱卖保险，那么会使保险公司赔不起。而且政策性农业保险立法滞后，一片空白，但是农业保险作为一种农业发展和保护制度，它在很大程度上依赖着相关的法律法规。农业保险领域存在的法律空白致使农业保险在政府职责、经办主体、组织推动方式、经费筹集渠道等方面的制度安排不明确，缺乏长期稳定和可预期的清晰路径，各地的农业保险经办模式五花八门，产品设计、经费来源、承办主体都各不相同，农业保险制度的统一性、稳定性和可持续性较弱。

从国外农业保险立法的背景和农业保险制度变迁视角来看，农业保险的产生和发展作为一种诱致性的制度变迁，其立法的意义远超出一般的商业规范性法律制度。以美国为例，之所以其农业保险能够实现稳步发展，首先是美国政府制定了专门的法律。美国早在1938年就颁布了《联邦农作物保险法》，规定了开展农作物保险的目的、开展办法、经办机构等，为农作物保险业务的开展提供了法律依据。在目前尚不具备完善的农业保险法律法规的情况下，我国农业保险很难取得突破性进展。因此，为适应我国农业经济发展不平衡，农业生产具有区域性、层次性、季节性等特点，国家有必要通过立法对农业保险经营实施稳定的法律调整。我国农业保险的专门立法迫在眉睫。

1997年国内曾就农业保险展开立法调研工作，监管部门已就《农业保险条例》召开过多次立法研讨会。2004年，新一轮保险试点逐步推进。2007年，中央财政首次予以21.5亿元补贴预算，在吉林、内蒙古、新疆、江苏、四川、湖南推行政策性农业保险保费补贴试点，揭开了中央政府补贴农业保险的序幕。2008年，经多方考察、调研和征求专家意见，银保监会与农业农村部、财政部共同起草了《政策性农业保险条例（草案）》，多次修改之后提交国务院法制办，法制办向人民银行、农业农村部等相关部委征求意见。2011年相关部门逐条评审了《农业保险条例》。2012年1月8日，在保险监管工作会议上，银保监会推动出台了《农业保险条例》，要从立法层面建立统一的农业保险制度框架。2012年5月4日，国务院法制办公开征求对银保监会上报的《农业保险条例（征求意见稿）》的意见，这意味着外界期盼已久的农业保险立法有了眉目。2012年10月24日，国务院第222次常务会议终于通过了《农业保险条例》并予以公布，《农业保险条例》自2013年3月1日起施行。

二、我国农业保险立法保障的现状评析

自2007年我国政策性农业保险试点以来，实现了跨越式发展。农业保险的灾害补偿功能得到有效体现。但是，在迅猛发展的过程中，农业保险也出现了一些深层次的问题和矛盾，同时也增大了发展的潜在风险。在发展过程中，农业保险各参与方（包括政府、保险机构以及农户等）的利益取向不同，采取的行为不同，每一参与方的不规范行为都会在很大程度上影响农业保险的正常发展。农业保险反映的是各参与主体间的民事商业关系，投保人与承保人签订保险合同形成了一种契约关系，因此要靠有效的制度来保障这种契约关系，而国家法律才是真正有约束力的制度。过去，由于国家没有制定和出台专门的农业保险法律，导致各参与方的权利义务缺少法律规定，存在诸多混乱的现象，这在很大程度上影响了农业保险的正常发展。

《农业保险条例》的出台，不仅明确了各参与方的权利义务，而且还提出了明确的行为规范；不仅保护了与农业保险相关方的利益，而且还防范了农业保险的金融和社会风险，从而在一定程度上促进了农业保险事业的健康、可持续发展。不仅如此，《农业保险条例》也有效填补了《农业法》和《保险法》未涉及的农业保险领域的法律空白，标志着我国农业保险业务发展进入了有法可依的阶段。《农业保险条例》立法重点主要集中在农业保险合同的特殊规定、农业保险的特殊经营规则以及保险机构的法律责任三个方面。然而，《农业保险条例》不管从形式上还是内容上看，仍存在不少问题，有待改进。

（一）《农业保险条例》立法体系并不完善

由于《农业保险条例》是国务院颁布的，在立法效力层级上属于行政法规，而行政法规在效力上要比法律法规低一个层级，其稳定性也远不如法律强，容易被修改和废止。如前所述，农业保险事关农村的和谐与稳定，农业保险关系

可谓是一种比较重要的社会经济关系，因此对于农业保险关系的规范和调整，只制定和颁布行政法规是远远不够的，尤其对于农业保险中的一些根本问题，如农业保险的性质界定及到底属于商业保险还是政策性保险，现有《农业保险条例》并未予以明确说明，然而这一问题的解决却与如何构建农业保险经营模式等问题息息相关。由此可见，农业保险中这些根本问题仍有待更高层级的立法予以解决。

此外，我国农业保险的立法保障体系也不完善。在我国，立法体系应当包含国家立法和地方立法两个层面。具体至农业保险，我国除缺乏国家层面的农业保险法律之外，地方层面的农业保险立法更是十分缺乏。以重庆市为例，现行有关农业保险的规定只有《重庆市农业保险理赔公示流程及要求》《重庆市农业保险抽样定损管理办法》等由重庆市保险业协会制定的一些行业规则，内容也只涉及农业保险中的部分问题。目前，重庆市并没有制定和出台一部真正具有法律效力的地方性法规，以规范和解决本市农业保险发展与实施中出现的各种问题。

（二）《农业保险条例》未明确政府监管权的行使范围

在我国农业保险试点中，银保监会、财政部、农业农村部、林业部等政府部门依据各自职责，在农业保险的推广和监管中发挥了重要的作用。然而，由于缺乏立法和明确的农业保险监管机构，有关政府部门也缺少清晰的职责分工，国家是否安排农业保险、安排多少、如何安排，主要由有关政府部门按照政策决定，政出多头，这在很大程度上影响了农业保险发展的稳定性，也使农业保险监管十分薄弱，很难有效解决一些问题。因此，在制定《农业保险条例》的过程中，首先要解决农业保险的主要监管机关问题。在西方国家，农业和财政部门在很大程度上影响着农业保险的发展。而我国基于农业保险的保险性质，确定由保险监管部门作为主要监管部门。《农业保险条例》第四条规定："国务院保险监督管理机构负责对农业保险业务实施监督管理。国务院财政、农业、林业、发展改革、税务、民政等有关部门根据各自的职责，负责农业保险推进、管理的相关工作。"由此确立了银保监会对于农业保险的主要监管职责，理顺了以往长期纷乱不清的农业保险监管关系。

但是，尽管《农业保险条例》确定了农业保险的监管主体，但却没有明确界定政府可以行使监管权的内容和范围，这容易使政府在监管农业保险市场时滥用其权力，恣意妄为，造成"该监管的没监管到位，不该监管的却忙得不亦乐乎"，从而导致监管的低效甚至无效。因此，有必要从立法上进一步明确政府监管权的内容。

（三）《农业保险条例》缺乏政府监管权的制约机制

一般认为，市场失灵是市场难以发挥作用，正因为如此，才需要政府对市场进行干预和矫正，有效弥补市场缺陷，从而实现资源的优化配置。但其中一个突出的问题就是政府在试图矫正市场失灵时，通常又会造成"管制失灵"。公共选择理论的代表詹姆斯·麦基尔·布坎南指出，政府的缺陷与市场一样严重。就农险市场领域而言，"政府失灵"主要表现在以下几方面。

第一，政府经济干预低效或无效。这是政府作为垄断组织难以避免的结果，阻滞农险市场中政府经济干预效率的原因有很多，其中之一就是农业保险市场干预的主体不明确，究竟该将农险市场的经济干预权配置给哪些政府部门，法律并无明确规定，且各部门间的职责分工不明也容易造成"有利时相互争权，无利时相互推诿"的现象。

第二，政府经济干预的恣意，容易造成权力受阻。政府为了干预农险市场，一般必须赋予执行政策的机构或个人以某种权力，由此可能造成某些农险经营机构为了牟取自身的经济利益而采用不正当的手段，对掌权者施加影响，以获得政府的特权供应。

第三，公共产品供应不足。农险市场公共产品供应不足主要是指提供的农险公共产品不能满足农民对农业保险的需求和农险市场自身的需求。这种供应不足既可以表现为具有硬件性质的农险公共产品（如农险经营机构等）供应不足，也可以表现为具有软件性质的农险公共产品（如农业保险法律和法规等）供应不足。农业保险法律制度这种公共产品供应不足，不仅包括农业保险法律资源的供给不足，同时还包括已颁布的其他相关法律的无效和副作用。

三、农业保险立法的依据与遵循的原则

（一）依据与基础

1. 立法依据

农业保险必须按照调控政策的目标和要求，从我国当前的国情出发，鉴于目前相关保险法仅适用于商业保险领域，作为政策性扶持的农业保险，从组织原则、运作体系、操作流程等方面，均不能从现行的保险法中获得法律支持。

在当前缺乏农业保险法律制度的情况下，农业保险不应简单地套用商业保险的法律法规，以避免出现不适应农业保险实际的情况。

2. 立法目的

基于农民的收入较低、农村发展落后等情况，可以确定我国农业保险法的立法目的为：规范政策性农业保险活动，促进政策性农业保险发展，提高农业的抗风险能力，完善农业支持保护体系，维护农村经济社会稳定，推进社会主义新农村建设。

3. 立法内容

保险法是确立保险人和被保险人二者之间的关系，通过法律的形式进行明确和协调。而农业保险法是确立政府与保险人和被保险人三者之间的关系。因此，在农业保险法中应明确三方的责任和权利。此外，有关部门还应考虑农业保险的法律含义、农业保险的经营原则、农业保险经营主体的界定、行业监管和财政监管机制、保费补贴和经营费用补贴、金融和税收扶持、风险基金的建立和再保险机制、政府扶持的具体措施等。

（二）所遵循原则

对于农业保险的立法而言，不仅要遵循一般保险的立法原则，而且还要注重以下几个原则。

①政策扶持原则。国家应根据保障农业生产安全，发展农业产业化和建设社会主义新农村的需要，对农业保险在财政补贴、金融和税收优惠上给予扶持。

②循序渐进的原则。农业生产的特殊性在一定程度上决定了农业保险的特殊性，所以不能急于对农业保险进行立法，要在长期的探索中不断进行总结，按照农业、农村、农民的特点和农业保险的试点经验，逐渐推出相关政策来促进农业保险的发展，达到促进农民收入稳定的目的。

③总体补偿原则。开展农业保险应着眼于保护农业的顺畅运行，着眼于社会效益的最大化，而不是追求个人效益或企业利润最大化。总体补偿原则即以整个社会作为核算单位，将农业保险的政策性亏损计入社会总成本当中，运用社会补偿基金来加以补偿。补贴主要应体现在两个方面：一是对投保农户给予一定比例的保费补贴；二是针对农业保险经营主体的经营费用补贴。此外，在巨灾风险基金的建立上，中央财政也应注入部分资金，以备应急之用。

四、农业保险立法保障的对策建议

鉴于《农业保险条例》仍然存在着上述种种问题，我们拟从如下几个方面着手，提出有关立法保障的对策建议，以期能从形式和内容上不断完善我国的农业保险立法，促进我国农业保险的健康和可持续发展。

（一）提高农业保险的立法效力层级

随着惠农政策的力度逐年加大，农险补贴的范围和力度也在不断加大，对农业保险的发展起到了积极的推进作用。但由于现阶段的农险补贴仍停留在国家随机的政策性层面，缺乏制度约束与机构监管，无形中增大了发放的随意性，出现了多头多次补贴、补贴对象欠公平、操作程序烦琐、补贴资金到位不及时等问题，这无论是参照在农业保险立法方面有成熟经验的美、日、欧等国家和地区，还是结合我国国情，都已不合时宜。虽然我国相继出台了《农业法》《保险法》等法律，但这些法律都只是强调了农业保险"自愿原则"和"商业化运作模式"。因此，针对时弊，有关部门应当立足本国国情，借鉴国外先进经验，制定我国的农业保险法，通过立法完善和规范国家对农业保险的政策性补贴。

不仅如此，农业保险是一种准公共产品，它与社会公共利益紧密相连，从法律上清晰地界定农业保险的性质，明确其政策性属性，对推动我国农业保险的健康发展具有重要意义。虽然，在制定法律条件尚不成熟的情况下，可以先行制定行政法规。但从长远来看，由于法律的稳定性和保障性是最强的，对于国家和社会生活中某些重要的社会经济关系，一般都应当采取法律形式调整。可以说，农业保险发展与实施的效果在很大程度上依赖着相关立法的健全和完善程度。

总而言之，农业保险法的制定应包含农业保险的性质、目标、保障水平、费率厘定、赔付标准、实施方式、组织机构、运行方式及政府监管等方面的内容，只有这样才能依法实施农业保险，依法经营保险机构，从而更好地保障农民的权益。

（二）立法明确政府农业保险监管权的行使范围

究竟哪些事项属于政策性农业保险监管权的范围，即政策性农业保险监管权的内容问题，现行立法并未明确做出规定。但基本可从以下几个方面立法明确政策性农业保险监管权的内容。

1. 资质监管

政策性农险市场主体的资质监管一般可以分为两种，即市场准入监管和市场退出监管。政策性农业保险的市场准入或退出因对公共利益有重大影响，其不仅与农险经营机构自身的成败有关，而且还与国家和社会的稳定发展有关，所以应该采取特殊的市场准入制度。具体来讲，一般商业保险机构必须在农业保险监管部门的审批后才能经营政策性农险业务，同样专门经营政策性农险业务的保险机构，也须经农业保险监管部门许可后才能进行设立。

2. 资本监管

资本对保险机构的重要性自不待言。为了保证政策性农险经营机构资金运用的稳健、安全，保证资产的保值增值，有必要严格监管其资金运作。除了严格限定其资金只能用于银行存款、买卖债券外，为了较好地保障作为弱势群体的投保农户利益，政策性农险经营机构的偿付能力额度以及应当提取的各类风险防范基金（各项责任准备金、未决赔款准备金、保险保障基金和各项公积金等）的额度可以高于一般商业保险的要求。此外，对政策性农险经营机构经营的农险业务均须办理再保险。

3. 道德风险和逆选择监管

（1）对道德风险的监管

通过合理、有效地设计政策性农险保单条款，可以限制和激励投保农户投保后的行为，从而有效避免道德风险的发生；农业保险监管部门在收集各地农户详细的农业生产、经营及风险状况和准确测算的基础上，建立科学合理的评估指标体系，用来检测农户是否存在不良行为；如果有道德风险行为发生，农业保险监管部门可以对投保农户规定相应的惩罚措施，从而更好地制约投保农户的道德风险行为。

（2）对逆选择的监管

为了限制农险市场信息的不对称现象，非常有必要在农业保险中设置强制性险种。在国外，农业保险都有一定的强制性，尽管我国农业保险实行的是自愿原则，但仍可借鉴国外经验，将政策性农业保险和农业信贷及各项优惠政策相结合，使其成为间接的强制性保险。除此之外，农业保险监管部门可建立农业和农户各项指标统计数据库，划分各种农业风险，并根据投保农户不同的风险程度来设定不同的费率档次，运用差别费率来区分不同风险的投保农户，以制约其发生逆向选择。

（三）立法完善政府农业保险监管权的制约机制

如前所述，尽管需要政府干预"市场失灵"的"治愈工作"，然而政府在

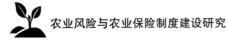

克服"市场失灵"的现象时，同样存在"政府失灵"的问题，即干预非效率问题。那如何克服农险市场领域中的"政府失灵"呢？具体可以从以下路径立法制约农险市场的政府监管权。

首先，针对农险市场中政府监管低效的问题，应立法明确政府监管权的主体并尽量清晰地划分出各主体的职权和职责。其次，对农业保险中政府监管权的行使还需相应的程序保障。为了防止农业保险中政府监管权被滥用，应立法明确规定政府行使这些权力的法律程序。为此，政府对农险市场的任何监管行为，即使是法律允许的"自由裁量"，都必须在法定的程序范围内进行。最后，现行法律法规并未对政府及其工作人员在农险市场中的监管失职或违法行为制定相应的责任追究机制，这也是导致政府滥用监管权的一个重要原因。为此，在农险市场中我们有必要通过立法建立对政府监管行为的责任追究机制以规范监管责任。

总之，对于政府在农业保险市场中的角色定位，要在立法过程中就树立起政府对农险市场"适度监管"的理念，即凡是农险市场能有效运行之处，就没有政府监管权存在的空间；凡是政府不能克服农险市场缺陷的情形，就没有政府监管权运作的余地；凡是存在政府克服农险市场缺陷不经济的情形，可能也没有政府监管权存在的必要。

第五章　农业保险财政补贴制度建设

近年来，我国农业保险在公共财政的支持下得到了前所未有的蓬勃发展。政府的财政补贴已经成为我国农业保险市场发展的不可或缺的要素。但是由于法律制度的缺位，致使实践中农业保险工作杂乱无序，补给谁、怎么补、补多少都无章可循。在补贴过程中产生的权力寻租、权力腐败情形并不少见。因此，建立农业保险财政补贴法律制度就显得尤为重要。本章分为农业保险财政补贴的概念与必要性、农业保险财政补贴的作用机制以及农业保险财政补贴的原则与配套政策建议三部分。

第一节　农业保险财政补贴的概念与必要性

一、农业保险财政补贴的概念

农业补贴是国家为了实现特定的农业产业政策目的而将财政收入依法定的标准和方式转移给特定的农业生产经营者的国家行为。农业补贴分为广义的农业补贴和狭义的农业补贴。

农业保险补贴属于狭义的农业补贴，是农业补贴的一种，是国家相关行政机关，具体为财政部门、农业、林业机关或保险监督管理部门，为了保障农业生产和农民收入的稳定向农业保险经营者发放的保险补贴。农业保险补贴受体一般为从事特定农产品生产或经营活动的自然人、法人或其他法定组织，即农户和农业生产经营组织。

二、农业保险财政补贴的内容

（一）补贴主体

这里的补贴主体包括补贴规划主体、补贴发放主体和补贴监管主体。农业补贴工作的顺利进行要求在法律上明确规定农业保险补贴法律关系各主体的权利和义务，以此避免农业保险财政补贴活动中的混乱和冲突。政府在农业保险财政补贴法律关系中担负着政策制定、补贴发放、监督管理及创造良好的外部环境等方面的职权（责）。

国务院农业部门及其分支机构应是代表政府具体实施财政补贴的管理机关。具体而言，农业行政部门在农业保险财政补贴中主要具有的职权为：第一，政策制定权，即政府按照农业保险的相关法律法规对农业保险财政补贴的对象、范围、补贴方式、补贴规模等制定宏观政策的职权；第二，审核权，农业财政补贴合同的条款、补贴标准等必须报政府审查核准，政府应按法律规定的程序和条件对农业保险经营组织的申请予以核准；第三，监督检查权，农业部门与符合条件的农业生产经营者签订补贴合同并监督其履行，监督和检查农业保险经营组织的补贴使用及业务开展等情况，以更好地规范农业保险经营组织的经营行为。

财政补贴发放机关为各级财政部门，其职权是在编制本级预算时应体现补贴支出，以补贴规划及合同为依据拨付、发放补贴并监督财政款项的合规性运用。财政补贴监管部门主要为保险监督部门及各级农业行政部门、财政部门。

由于信息不对称，财政补贴下的农业保险会导致保险公司的道德风险行为。不同性质的保险公司，甚至会出现不同的道德风险行为。对于政策性保险公司而言，由于缺少利润激励，其道德风险行为主要表现为降低努力程度。而对于高运营成本的农业保险而言，降低努力程度必然会使农业保险的业务量有所减少，不能实现统筹风险最大化目标。对于商业性保险公司而言，由于同时经营农业保险和其他种类的商业性保险，其道德风险行为更加复杂，除了表现为降低经营农业保险的努力程度外，由于农业保险和其他非农业保险共同分摊经营成本，还可表现为保险公司的成本转移行为，以获取更多的财政补贴，从而极大地降低财政补贴的效率。因此，有关部门还需加强对各类农业保险经营组织的监管。

（二）补贴受体

补贴受体是指在农业保险财政补贴法律关系中享受国家优惠政策，接受补贴的农业保险经营组织及农户、农业生产经营组织。

1. 农业保险经营组织

农业保险经营组织包括经营农业保险业务的商业保险公司、专业农业保险公司及非公司制的经营农业保险的组织。他们是农业保险财政补贴的最主要受体，也有学者认为农业保险组织若成为财政补贴受体，会加大行政成本。如果各省、区、市有政策性农业保险管理机构，中央财政的补贴可以拨付到这个管理机构；假如没有，只是通过一两家大型公司做政策性农业保险业务，补贴也可以直接拨付到该公司。

农业保险经营组织的权利主要包括：第一，依法获得财政补贴的权利，农业保险经营组织依法根据国家的农业保险规划开展业务活动，有依法享受政府给予的财政补贴及其他优惠政策的权利；第二，合理使用补贴的权利，农业保险经营组织享有在法律法规的范围内合理使用补贴的权利，在法定范围内不受任何不正当干预；第三，提出异议的权利，农业保险经营组织受到不公正待遇时，具体表现为该获得补贴而未获得，或者少获得，附加不合理条件等情形时，有向该主管部门提出异议的权利。

农业保险经营组织的义务主要包括：第一，依法接受补贴的义务。农业保险经营组织应在农业保险法律法规的范围内依法接受补贴，农业保险经营组织作为被管理活动主体应服从国家对农业保险经济关系依法进行的干预活动。第二，合理使用补贴的义务。农业保险经营组织在获得农业保险财政补贴后，应当按照法律法规的规定，在运行的范围内使用补贴，而不得挪作他用。

2. 农户

财政补贴农业保险不仅会面临保险公司的道德风险行为，还面临投保农户的道德风险行为。一般来讲，可以将农户的道德风险分为两类。

一类是购买农业保险的农户产生依赖心理，降低农业生产的努力程度。例如，购买养殖险的农户会为了降低成本而减少养殖场所的消毒次数，购买种植险的农户会减少化肥施肥量等，或发生大的气象灾害后，对政府补贴和农业保险公司赔偿寄予希望，而不积极抢救财产，由此使损失更为严重。

另一类是极易产生骗保行为。对于种植业而言，有些未投保农户在遭受气象灾害后，损失较大，而投保农户的损失较少，则易出现冒名顶替骗保及农户在遭受气象灾害后谎报产量以获取更多赔偿的现象。

总之，在政府补贴农业保险的过程中，如果激励机制不合理有效，保险公司和投保农户的双重道德风险行为会使赔付率大幅上升，从而会制约农业保险的发展。我国目前针对农业补贴项目的有关法律和法规中，对农业补贴程序的规定极不完善，缺乏对农民参与农业补贴相关权利的规定。

投保农户的权利如下。

第一，间接或者直接获取政府给予保费补贴的权利。一般来说，在农业保险财政补贴活动中，农户并不直接获得保费补贴，但还是作为受益者存在，政府通常把补贴费用补贴给农业保险经营组织，农户通过支付较低的投保费用间接享有此项权利。

第二，知情权。在农业保险财政补贴活动中，农户依法享有知情权。在订立农业保险合同时有权要求保险人解释和说明保险费率与补贴费率。

第三，提出异议权。农户参与农业保险的主要目的是通过较少的成本投入获得较大的收益或者避免较大损失。在投保时，当农业保险经营组织应给予而未给予优惠保费时，农户有权依法向农业保险经营组织提出异议。

第四，监督权。通过农业补贴管理制度和监督机制，以及相关方面的程序规范，既可以有效协调政府行为，同时还可以保护农户的基本权利，农民是直接纳税人，有权了解和监督农业补贴的基本实施程序。

此外，还有农业生产经营组织。在农业保险财政补贴方面，农业生产经营组织的权利与义务与农户的权利和义务大致相同。

（三）补贴程序

农业保险财政补贴的基本程序如下。

第一，由农业保险补贴法定机关，即国务院农业行政部门制定补贴发放执行计划，各省、自治区、直辖市农业行政部门也可根据本省的具体情况制订补贴计划并公告。

第二，相关主体依法提出补贴申请，相关主体包括农业保险经营组织、农户、农业生产经营者。

第三，法定机关依法审查、批准申请。

第四，法定机关与申请人，即农业保险经营组织、农户、农业生产经营者订立农业补贴合同。

第五，法定机关，包括保险监督部门、农业行政部门、财政部门监督农业生产经营者履行农业补贴合同。

（四）法律责任

农业保险财政补贴法律责任主要是指补贴规划主体、发放主体、监督主体和受体，即各类农业保险经营组织、农户、农业生产经营组织等农业保险财政补贴法律关系主体，违反有关农业保险财政补贴法律法规所应当承担的否定性法律后果。其可根据违反农业保险财政补贴相关法律法规行为的性质、情节和危害程度的不同，分为民事责任、行政责任或刑事责任。

1. 政府相关部门的法律责任

在农业保险财政补贴法律关系中，政府作为一方主体，拥有补贴规划、补贴发放和补贴监管的职权与职责。当政府相关部门在未履行或未适当履行其职责时，也要承担相应的法律责任。具体而言，法律责任包括以下几种。

（1）民事责任

农业保险财政补贴立法中的民事责任是指相关主体违反农业保险补贴法律法规，不履行、不适当履行补贴义务，或者基于法律上的其他原因而应承担的否定性后果或其他负担。农业行政主管部门、财政部门、保险监管部门及其工作人员在保费补贴发放、日常管理等事务中如果未尽到相应职责所应有的注意义务，而给农业保险经营组织或者农户、农业生产经营组织造成经济损失的，应承担损害赔偿的民事责任。

（2）行政责任

在农业保险财政补贴法律关系中，行政责任是指国家机关基于特定原因，对法律关系主体各方依行政程序或者行政诉讼程序所给予的制裁或加予的其他负担。此种责任包括上级行政机关依照职权对下级行政机关确定的责任，以及行政机关依职权对公民、法人或其他组织确定的责任等。农业行政主管部门、财政部门、保险监管部门及其工作人员在保费补贴发放、日常管理等事务中如果违反农业保险法等相关法律法规，编造虚假数据、文件骗取保费补贴，或者串通农业保险经营组织、农户、农业生产经营组织编造虚假资料与文件骗取保费补贴，或者违反财务管理规定，未按规定使用发放保费补贴的，或者在保费补贴监督管理中因过失造成损害的，相关部门及负有直接责任的工作人员应承担相应的行政责任，包括行政处罚和行政处分。

（3）刑事责任

刑事责任是指人民法院对于触犯《刑法》的个人和单位给予的刑事制裁。农业行政主管部门、财政部门、保险监管部门的工作人员在保费补贴发放、日常管理等事务中如果违反《农业保险法》等相关法律法规，情节严重的，依照《刑法》构成犯罪的，应依法承担刑事责任。

2. 农业保险经营组织的法律责任

农业保险经营组织的法律责任是指各类农业保险组织违反农业保险法律法规应承担的责任，具体包括民事责任、行政责任和刑事责任。

（1）民事责任

农业保险经营组织的民事责任主要表现为：在其农业保险业务过程中侵害投保农户或农业生产经营组织的合法权益所应承担的赔偿责任。例如，农业保险经营组织经营农业保险业务，有采取故意虚构保险标的，编造虚假数据、文件、资料等方式骗取国家财政补贴的，或者侵害投保农户或农业生产经营组织获得保费补贴权的，应承担赔偿与保费补贴相应数额的民事责任。

（2）行政责任

农业保险经营组织经营农业保险业务，有采取故意虚构保险标的，编造虚假数据、文件、资料等方式骗取国家财政补贴的，或者提供虚假的报告、报表、文件和资料的，或拒绝、妨碍依法检查监督但尚不构成犯罪的，由保险监督管理机构责令改正，给予警告，并处以一定数额的罚款；情节严重的，可以对业务范围加以限制，责令其停止接受新业务或吊销经营保险业务许可证。保险主体经营农业保险业务有违反财务管理规定的，未按照规定使用农业保险条款和费率的，违规使用财政补贴的，情节严重的，可以限制业务范围、责令停止接受新业务或者吊销经营保险业务许可证。对违反相关规定、尚未犯罪的行为负有直接责任的农业保险经营组织的高级管理人员和其他直接责任人员，保险监督管理机构可以根据不同情况予以警告、罚款；情节严重的，撤销任职资格，采取保险市场禁入措施。

（3）刑事责任

农业保险经营组织经营农业保险业务，有采取故意虚构保险标的、编造虚假数据、文件、资料等方式骗取国家财政补贴的，或者提供虚假的报告、报表、文件和资料的，或妨碍依法检查监督的，情节严重构成犯罪的，应由司法部门依法追究刑事责任。

3. 投保农户和农业生产经营组织的法律责任

投保农户和农业生产经营组织的法律责任主要指对于投保农户、农业生产经营组织为骗取保费补贴而实施的欺诈行为，如给农业保险公司造成损失的，依法所应承担的法律责任。对于上述诈骗行为，构成犯罪的应追究刑事责任；不构成犯罪的，依照相关法律规定给予处罚。农业保险财政补贴法律制度是农业保险活动得以顺利实施的重要保障。因此，建立和完善农业保险财政补贴法律制度十分重要。

三、农业保险财政补贴法律规制的必要性

农业保险补贴行为体现了国家运用公权力对市民社会的影响，对受补贴的农业生产经营者而言，相比于一般的市民社会私法主体，这是一种"特权"。由于国家对农业的财政补贴涉及国家内部各类机关及国家与社会主体等各种性质的社会关系，其社会关系内容极其复杂，若无法律对各类补贴所涉主体的权利与义务进行明确和具体规定，极易造成上述各类社会关系运行的无序化甚至于相互冲突，也很难顺利实现国家农业产业的政策目标。我国《农业法》并未对农业补贴做出任何规定，《农业保险条例》第7条、第19条、第23条简单提到了国家相关部门应当给予农业保险经营组织相应的补贴，但规定还很粗略。因此，建立和完善农业保险补贴法律制度非常有必要，其必要性包括以下几个方面。

（一）规范农业保险补贴行为的需要

我国地域辽阔，各省、自治区、直辖市农业发展情况不尽相同，在具体的农业保险补贴活动中，补贴种类、标准、程序和方式等也千差万别。不仅影响农业产业发展政策，而且也影响农业补贴在全国范围内的推行效果。因此，建立和完善农业保险补贴法律制度可以有效避免以地方政策为推行依据的农业保险补贴千差万别的情况。

（二）实现国家发展农业产业政策的需要

改革开放以来，我国的综合国力有了很大的提升。在国家经济发展的同时，我们也看到农业还处于较落后的水平，是时候该"工业反哺农业""城市支持农村"了。自2004年起，连续多年的"中央一号文件"等政策性文件均提到了发展现代农业，进一步增强农村发展活力，这些文件的出台正是党中央、国务院在政策上对这一发展阶段的回应。

（三）建立公共财政支出法律依据的需要

公共财政是农业保险补贴的重要来源。公共性是公共财政的一个重要本质，而财政管理体制上的公共性又是公共性最重要的特征，表现在国家对财政收入、财政支出的运行管理机构设置都制定了详细的法律，权力机关可以通过预算审批监督、税费的开征立法等活动来控制和制约政府的财政活动，使财政行为在人民通过法律设计出来的轨道上按照人民的公共意志规范运行。

第二节 农业保险财政补贴的作用机制

一、保费补贴的作用机制

保费补贴已经成为各国政府为支持农业保险发展所采用的、最为普遍的措施。保费补贴的类型可分为两类，一是显性补贴，二是隐性补贴。显性补贴表现为政府代农户向农业保险承保机构缴纳一定数额的保费，这一部分代缴的保费数额通常占农户应交保费的一个确定比例，这个比例可以是一成不变的（常见于发展中国家），也可以根据农作物种类、种植者类型以及其他因素的不同而有所变化（如德国、瑞典和澳大利亚等发达国家）。隐性补贴产生的前提是政府有制定费率的权力，在此基础上，当政府同时承担了相当大比例的赔付责任时，如果制定出的费率水平长时期低于精算公平费率，那么我们可以认为政府承担了一笔隐性保费补贴，补贴比率约为实际费率与精算公平费率的差值。以美国为例，针对大豆、玉米、小麦等主要农作物，其境内划分了两千余个不同的风险区间，而在五百余个风险水平较高的区间里，过半区间中为主要农作物所制定的实际费率长时间低于精算公平费率。尽管各国的实施形式略有差异，但保费补贴通常都体现为政府（或者是纳税人）与农民的财富分配关系，均是大致通过收入再分配提高农民实际收入、降低农业保险产品价格、增加农业保险对其他消费的替代性、减少逆向选择行为等作用机制，最终推动农户对农险的需求，进而运用市场机制发挥农业保险的作用与功能。

（一）保费补贴具有收入效应

保费补贴带来的收入效应与替代效应，如图 5-1 所示。

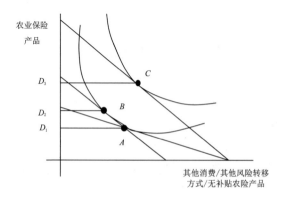

图 5-1　保费补贴带来的收入效应与替代效应

农业保险保费补贴是所有农业保险补贴措施中农民最能"看得见"的方式，它表现为在相同的保障水平下，农险产品的价格显著降低，按照经济学的原理，由一种商品价格降低所带来的需求的增量可被分解为由收入效应引起的部分和由替代效应引起的部分。其中，收入效应表现为农户获得的赔付总额大于农户保费支出总额而带来的收入净增加，国内外很多学者将这个过程描述为财富从纳税人手中转移到农民手中。

1. 保费补贴可以提高农户收入

保费补贴的具体形式根据各国实际情况不同有较大差异，但其与农民增收进而刺激农业保险需求的作用机理大体相似。下面对现实进行简化，简单计算有农业保险、无农业保险，有保费补贴、无保费补贴情况下农民进行农业生产获得的利润情况。我们假设一位农户在风调雨顺的年景能从农业生产中获得的最大收入为 W，而在其他年份里会遭遇损失 x，损失概率为 $p(x)$，而各种物化成本总额为 C。各个国家农业保险的保障程度与赔付方式不同，我国的农业保险是一种"保成本"的保险，只要实际产量低于预定产量（这里不计免赔额），保险公司就会对差额进行一定比例的赔付，我们把这个赔付比例设为 δ，保费补贴比例设为 α。在精算公平的保费制定准则下，赔付额的期望值等于缴纳保费的期望值，因此与赔付额对应的保费为 $\delta \times x \times p((x))$。

在没有农业保险的情况下，农户在农业生产中能获得的预期利润如下。

$$E(R) = \left[1 - p(x)\right] \times W + p(x) \times (W - x) - C = W - x \times p(x) - C$$

而由于保费是根据精算公平原则设定的，因此即使农户已参与农业保险，只要尚未获得保费补贴，那么预期利润仍然与没有农业保险时相同。在农户已经参与农业保险且得到保费补贴的情况下，农户在农业生产中能获得的预期利润如下。

$$\begin{aligned} E(R) &= \left[1 - p(x)\right] \times \left[W - (1-\alpha) \times \delta x p(x)\right] + \\ &\quad p(x) \times \left[W - (1-\alpha) \times \delta x p(x) - x + \delta x\right] - C \\ &= W + \alpha \delta p(x) - x p(x) - C \end{aligned}$$

比较两式的结果我们发现，在存在农业保险保费补贴的情况下，农户可以获得 α、δ、x、$p(x)$ 数额的期望收益的增加，且保障水平和补贴比例越高损害金额和损失概率越大，预期收益的增加就越明显，因此保费补贴作为公共财政转移支付的一种特殊方式，将纳税人财富的一部分转化为农业生产者收入的这项事实是毋庸置疑的。农业保险在很多国家部分或全部替代了农业灾后援助，从一定程度上提高了农户收入。

保费补贴对农民增收起到的作用不是平均和一成不变的，根据保障程度、补贴比例以及损失程度与损失概率等几个指标的不同，补贴对不同农户的增收程度是不同的，保障程度与补贴比例的提高自然会带来收入增加，而在保障程度与补贴比例不变的情况下，保费补贴带来的收入会自动向高风险地区和高风险作物转移。由于存在保费补贴，在保额与保费补贴比例都相同的两个地区中，高风险地区农户有 50% 的可能获得 3000 元的净收入（由于农业保险赔付以发生损失为触发条件，理论上不允许有额外获利的可能，这里的净收入仅仅指赔付扣除缴纳保费部分的金额，虽然农户没有损失之外的额外获利，但这笔钱的确从纳税人手中转移而得），而低风险地区的农户只有 20% 的可能获得 1200 元的净收入。

2. 保费补贴通过提高收入刺激农险需求

预期收入增加如何促进农户对农险产品需求的增加。一方面，当消费者预期收入增加，获得可支配收入的提高时，只要该商品不是低档品，那么对该商品的需求一定增加，农业保险作为一种转移农业生产与市场风险的、行之有效的制度安排，其在发达国家的发展程度普遍高于发展中国家，经济发达地区农业保险的险种和产品相比不发达地区更丰富，因此对农业保险的需求显然会随着收入的增加而提高。另一方面，由于农业保险保费补贴会带来农民收入的增加，从某种角度来说，农业保险不仅仅是一个消耗品，还是一项资源，参与农业保险的目的之一便是获得预期收入的提高，为了获得更多的特殊资源，农户会增加对农险产品的需求，从很多国家农业保险的发展实践中我们都可以看出保费补贴是促进农险需求增加的有力武器。需要注意的是，保费补贴比例与农险产品需求并不是简单的线性关系，以美国为例，虽然在 1990 年以前，美国政府持续增加农作物保险的保费补贴比例，但由于补贴比例维持在较低水平（未超过 25%），因此农作物保险参与率一直未有较大变化。我们可以认为，在一般情况下，保费补贴比例要大到能够促使经济实力较弱的中小农户情愿投保时，才能使参与率有显著的提升。

很多国家的农业发展实践表明，如果长期以来人们不能从一片土地上的农业生产活动中获得相应的回报，或者所得的回报低于非生产性活动（比如进城务工等），那么这片土地便面临被弃耕的风险，当一个区域的耕作环境和自然条件不甚理想时，这种情况便更易发生，弃耕的土地不再进行生产，也就不再需要农业保险的保障，但由于存在保费补贴机制时，农户会看到预期收益的增加，而且收入增加的幅度在自然条件、社会经济条件更不理想的高风险地区会更显著，因此弃耕可能转化为扩耕，扩耕的土地形成了对农业保险新的需求，同时在已经投保农业保险的土地上，保费补贴的增加减轻了农户保费负担，进而会促使农户购买更高保障程度的保险（在一些国家，可以由农户自己选择一块土地上作物的保障水平），这自然也会增加农业保险的需求。

当然，在从收入到需求的推导过程中，预期收入对农险需求起了决定作用，农户似乎成了风险中性的消费者，农业保险规避风险、平滑收入的作用没有在分析中得到充分体现，这可以从三个方面予以解释：一是我们目前讨论的是保费补贴对收入的影响进而反映到对需求的刺激上，农业保险规避风险的作用是在需求增加、覆盖面扩展之后得以体现的；二是以我国为例，确实存在相当一部分的农村人口并不以农业生产为主要收入来源，因此转移农业风险对他们来说并不显得很迫切；三是存在一些险种，比如指数保险，其转移风险的精确性要差于其他险种，以天气指数保险为例，由于这个指数是区域统一的数值，触发的赔付往往不能精确弥补损失，甚至在损失发生时都不能触发赔付，就单纯转移风险目的而言，农户对其的需求量可能相对有限，而在保费补贴提高农户的预期收入之后，尽管仍然存在基差风险，农户则会增加对该险种的需求。以上从实际层面解读了保费补贴所带来的收入效应如何提高农险需求。

保费补贴能够有效提高农户预期收入，且高风险地区、高风险作物受益更多，这些结论是建立在各地区、各险种保费补贴比例相似的前提之下的，然而放眼各国，农业保险保费补贴比例的设定都或多或少体现了政府稳定农业生产、推动农业发展的愿望，很多发展中国家农业保险的主要补贴对象就是关系国计民生的重要粮食和经济作物，对这些作物的补贴比例比其他作物高，有些国家甚至采用强制保险的方式进行补贴，比如日本对水稻保险强制投保，这就对农业生产具有一定引导作用，同时考虑到粮食安全、地区公平等多方面因素，很多国家在不同风险区域实行差别化的补贴比例，这些带有经济政治目的的保费补贴政策引导着社会财富在不同农业生产主体间进行再次分配，从而在刺激农业保险总体需求的同时，调整需求的内部格局。

（二）保费补贴具有替代效应

从经济学的角度来看，当一种商品的价格降低时，一方面会使得消费者的总收入相对增加从而调整消费者，另一方面由于该商品和其他消费品的相对价格发生变化，而消费者总是倾向于购买较便宜的商品，因此该商品的需求量会增加，后者被称作替代效应。当政府对保费进行补贴时，农业保险产品的价格相对降低，因此相对于其他消费品，农户会增加对农业保险产品的需求。实行保费补贴后的替代效应既可以反映为农业保险对其他农业计划和其他风险转移方法的替代，也可以反映为有补贴的政策性险种对无补贴的纯商业险种的替代，还可以反映为高补贴险种对低补贴险种的替代。第一种替代方式带来的结果是农业保险需求的整体提高，后两种替代方式带来的是农业保险需求内部结构的变化。

首先看农业保险对其他农业计划特别是灾后援助计划的替代，灾后援助计划的特点在于其对农民来说是一种无偿的救助方式，是直接的转移支付，但其缺点在于它往往不具有及时性，援助的金额随意性较大，很多时候不能满足再生产的需要。相比灾后援助计划，农业保险具有精确性、及时性、补偿性等特点，能很好地转移风险，促进再生产顺利进行，因此对农民来说，保障水平较高的农业保险的效用是远远高于灾后救助的，因而理性的农户应当能够接受农业保险需要缴纳一定保费才能获得赔付这一事实，由于保费补贴的存在，农业保险产品价格降低，有些国家（特别是发展中国家）农户自己需承担的保费比例甚至在20%～40%的范围，由于在很多国家农业保险与灾后援助只能二选一（一些国家甚至将参加农业保险作为享受灾后援助的前提），因此必然有更多的农户宁愿用少量保费换得高额保障，而不再等待政府捉摸不定的灾后援助。美国的实践经验证明，对农作物保险计划的补贴大幅度削减了灾难救助发放金额，伴随着购买保险农户数和户均覆盖面积的增加，政府使用灾难救助的次数不断减少。

与此同时，对农业保险进行高比例的保费补贴后，其他传统的风险转移方式可能被替代，传统的农业风险转移方式包括风险自留、向亲友借款、多元化经营分散风险、大规模使用杀虫剂与除草剂等，这种替代效应在提高农户对农业保险产品需求的同时，可能会带来一定的道德风险。而农业保险往往是一部分险种享受保费补贴，另一部分纯商业化运作，因此可能存在有补贴险种对商业化运作险种产生挤出效应的情况。不仅如此，由于在享受保费补贴的险种中补贴比例也有高有低，一些学者研究发现高风险、高补贴比例的险种确实在一定程度上对低补贴险种有替代作用。保费补贴的替代效应在促进农险需求增加的同时调整着农业保险产品内部的需求结构。

（三）保费补贴可以减少逆向选择行为

在风险区划不够细致的情况下，当未实行保费补贴时，农业保险的运作过程中会存在逆向选择行为。因为农业保险的保险人通常面对的是大量风险各异的被保险人，受制于农业生产的特殊性，保险人不可能对每个农户的风险进行

——识别，因此只能对同一区域同种作物提供相同的保险合同，制定相同的费率水平，费率制定原则为区域内的保费收入能覆盖该区域的赔付支出，这就导致对该区域内低风险农户来说保费过高，而对区域内高风险农户来说保费过低，低风险农户会多缴纳相当一部分保费用来补偿高风险农户所交保费的不足，自然而然，低风险农户就不再愿意购买农业保险，如果费率区划粗糙，加上政府没有进行保费补贴，那么低风险的农户会被挤出农业保险市场，这就会降低农业保险的需求，减少农业保险覆盖率。

从理论上来说，农业保险的纯费率应当与农户损失率大致相等，在图 5-2 上应表示为一条以纯费率为横轴、以损失率为纵轴的 45° 直线，假设不存在信息不对称，即保险人可以准确获悉每一个被保险人的风险状况并予以精确定价，那么每个农户都会有一个反映自身风险的、个性化的费率。但到目前为止，没有国家在农业保险的经营实践中可以做到如此精确定价，美国的费率分区已经非常细致，其把国内几种主要农作物划分为两千五百多个风险区间，但即使如此，每一个区间内仍然难以做到风险完全同质，而其他国家，特别是农业保险刚刚兴起、缺少科技支持与精算技术的发展中国家，农业保险定价就更加随意和粗糙了。

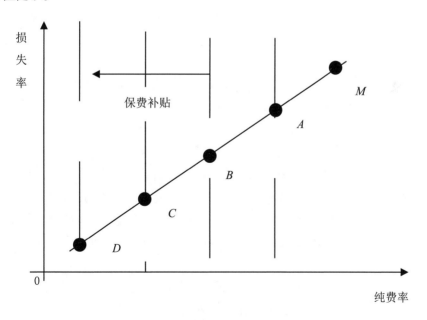

图 5-2　保费补贴降低逆向选择

假设图 5-2 反映了一个风险区间，区间内实际的农业保险费率相同，D 点是最低风险点，其反映一个风险区间内风险最低的农户预计遭受的平均损失率以及与之相对应的农业保险理论费率，M 点是最高风险点，即该区间内风险最高的农户遭受的平均损失率及与之相应的理论费率。区域内其他农户面临的风险和理论费率分布在直线上，为了使保费能覆盖赔付，保险人（或者政府）将保费设定在 B 点，此时风险在 B 点以下的农户逐渐意识到他们承担了过高的保费，会选择退出农险市场，因此一段时间后，只有风险高于 B 点的农户留在市场中，由于此时留在市场的农户平均风险水平提高，保险人发现原来制定的费率已经无法满足赔付要求，因而会提高费率，由原来的 B 点提高到 A 点，这时劣币驱逐良币的现象又会出现，即风险在 A 点以下的农户又会选择退出市场。综上所述，在信息不对称的农险市场上，如果在费率区划不完善的情况下不进行保费补贴，农业保险保费会越来越贵，逆向选择会越来越严重，参与率会越来越低。

而如果政府进行保费补贴，在确定补贴率下，农民实际需要交纳的那一部分保费费率会降低，首先会从 B 点移到 C 点，这样一来，风险在 B 点以下 C 点以上的农户会意识到有利可图，因此会重新加入农业保险购买者的行列，如果政府希望农业保险有更大的覆盖面积甚至达到全覆盖以减少或消除逆向选择现象，那么政府需要进行更大力度的保费补贴，当区域内农民实际需要交纳的费率降到 D 点以下，即连风险最低的农户都感到投保有利时，整个区域便能达到农险全覆盖。

当然，由于信息不对称等原因，在各国保费补贴的实践过程中或多或少存在被保险人或保险人道德风险的情况，甚至不排除一些农户或保险公司是以不当获取补贴为目的而参与到农业保险中来，这多存在于法律法规不够健全、监管制度不够完善的农业保险发展初期，短期来看，农业保险参与率似乎会因为这个原因出现小规模增加，但如果不能进行有效监管，"破窗效应"会让更多农户与保险人投入不当赚取补贴的活动中去，长此以往，渗漏出去的保费补贴会造成财政的承重负担，挤出真正需要从农业保险中得到保障的生产者和踏实经营农险的保险人，也使补贴的结果与政府希望达到的支持农业保险目的背道而驰。

有关研究表明，农业原保险的参与率不仅仅取决于保费补贴率的高低，还受到其他一系列因素的影响，如农业产出效应、农业生产者收入总水平、收入来源多样化和农业生产者对风险的认识程度与保险意识等。故为有效解除保费补贴对参保率提升的局限，许多国家通过立法将参加农业保险和享受其他惠农政策联系起来。我国可借鉴这一成功经验，在立法中通过将农业保险与其他惠农政策挂钩等方式确立强制保险制度。为有效防治保费补贴可能诱发的道德风险，立法有必要科学设计有关保费的信息披露及监管机制，并明确规定保费补贴资金的接受者为保险人而非投保人，以减少交易费用和解决保费收取难问题。

针对保费补贴可能明显加重财政负担的问题，立法应科学设计保费补贴的合理分担机制。

一是对于一级政策性农业原保险和二级政策性农业原保险，在中央财政补贴的基础上，省、自治区、直辖市财政以及贷款银行和农业产业化龙头企业应按规定的比例提供配套的保费补贴。对于一级政策性农业原保险，中央财政应承担保费补贴的主要责任。对于二级政策性农业原保险，中央财政和省、自治区、直辖市财政应承担保费补贴的同等责任。

二是对于三级政策性农业原保险，省、市、县级财政以及贷款银行和农业产业化龙头企业应按规定的比例提供配套的保费补贴。

三是对于四级政策性农业原保险，地市级、县区级财政以及贷款银行和农业产业化龙头企业应按规定的比例提供配套的保费补贴。

四是西部地区的县（市）和国家级贫困县不承担政策性农业原保险的保费补贴义务。

二、经营管理费用补贴的作用机制

经营管理费用补贴是针对农业保险的又一种补贴形式，包括对农业保险经营机构日常管理费用的补贴、对监督被保险人行为及预防道德风险发生费用的补贴以及对核保与理赔费用进行的补贴等。如果说保费补贴更多的是对需求侧的激励，那么经营管理费用补贴则是通过供给侧的刺激进而影响市场上的供求平衡点，增加农业保险的需求，提高覆盖率。

（一）对经营者具有利润激励作用

这种激励机制在农险产品价格不由市场决定的国家体现得更为明显。世界银行调查的、对农业保险经营管理费用进行补贴的四个国家中，印度采用国营保险公司经营农业保险，加拿大经营农业保险的机构是省属保险公司，韩国由非营利性的区域农协和中央农协负责保费的收缴和赔付，这三个国家可以说采用的都是政府主导的农业保险经营模式，经营机构与政府的利益高度相关，目标高度一致，因此这些国家的政府对保险人在农险经营过程中的经营管理费用予以补贴，更多的是意在使经营者不致出现亏损，以及保证农业保险供给方的服务质量。

与此相对的是美国经营农险的模式，政府给有经营农险资格的保险公司以经营管理费用补贴，同时和保险公司分享一部分收益，分担一部分损失，除此之外，尽管美国对经营管理费用已经进行了高额的补贴，但其在制定保费时仍然考虑到了保险机构的利益因素。如果政府给予的经营管理费用补贴正好覆盖了每个保险公司的经营成本，那么这项补贴便不会给保险人带来承保利润之外的额外收入。然而事实情况是，由于对每个公司——进行经营管理成本的核算费时费力，且对此项费用进行全额补贴容易使保险机构对补贴进行挪用和滥用，因此经营管理费用补贴往往体现为保费的固定比例，这一比例根据地区和险种的不同有所差别，如此一来保险机构便有动力通过提高管理效率，在不减少保费规模的前提下降低经营管理费用支出，这样便可从保费固定比例的经营管理费用补贴中获得额外收益。以营利为目的的保险人从不会浅尝辄止，他们会继续扩大市场规模，增加保费收入，以期从更多的经营管理费用补贴中获得更多利润，这就是这项补贴的收入激励作用，客观上通过推动供给增加来扩大农业保险覆盖率。

当然，由于美国的农业保险费率由政府制定，在不能采用压低价格的方式来争夺市场的情况下，保险机构不得不通过争夺保险中介手中的客户资源来抢占市场，这就引发了经营管理费用补贴在保险人、保险中介和农户之间的再次分配。

（二）通过市场传导改变需求

市场中最为主要的传导机制便是价格机制，其前提要求是该地区农业保险费率可由经营者自主设定。当保险机构得到政府经营管理费用的补贴后，机构便可不再把这些成本加在产品价格上，如果先前市场上存在过分压低价格的恶性竞争行为，进行该项补贴也可予以缓解。保险人可以采取更大胆的竞争策略，用更低的费率吸引消费者，总体来说这项补贴会先影响供给，使保险人愿意以更低的价格承保同样的风险，这样会使农业保险市场在更高的产量上达到供需双方的均衡。

当然，根据未实行经营管理费用补贴时保险人将经营管理费用附加到产品价格上的方式不同，实行这项补贴后保险人对不同类型、不同风险农户的降价幅度也不同，因此在成交量普遍增加的同时对供给结构也会产生一定影响。

举例来说，如果保险人在未享受该项补贴时把经营管理费用更多地以保单为基准在被保险人间进行分摊，那不论一份保单的保额高低、纯保费多少，附加费率中反映保险公司经营成本部分的金额是相似的，这样就使小农户和低风险者承担了相对更高的成本，实行补贴后成本从价格中移除，小农户与风险较低者会受益更多；在未享受该项补贴时，保险人更多是以保额为基础分摊成本（考虑到单位面积、单位保额的勘察核损成本可能是相似的，这样做也有一定道理），那么只要保单中保额相似，无论风险的高低即保费的多少，需要分摊的成本部分金额是相似的，在这种方式下，低风险的被保险人需要分担的成本相对来说更多，实行经营管理费用的补贴之后，低风险被保险人获得的费率下降比率更大，因此低风险农户会增加更多需求；如果保险人之前更多的是按保费为基准分摊经营管理成本，那么保费越高的农户需要承担的保险公司的成本绝对值就越大，对大农场主来说，其保额大，多承担一些经营成本无可厚非，但对于发展中国家里最为普遍的小农业生产者来说，他们的经济实力和承担风险能力本来就较弱，一些农民在恶劣的自然条件里艰难谋求生存，如果在高保费上再附加高的成本分摊，这些农民是不愿意加入农业保险的，进行经营管理费用的补贴将会减少高风险小农户面对的农险产品价格，进而提高他们的需求。

综上，进行经营管理费用补贴的直接影响就是使保险人在制定产品价格时可以不加入或少加入对经营成本的分摊，降低了农业保险产品价格，再通过收入效应、替代效应以及减少逆选择等机制，便可增加农户对产品的需求，需求的结构也随着实施经营管理费用补贴及保险人加价方式的不同而有所差异。

除了价格机制的传导作用，对农业保险经营机构进行经营管理费用的补贴还能通过其他渠道提高农险消费量，如可以在一定程度上将农户从其他风险转移方式中挤出，挤入农业保险市场。举例来说，在一些发达国家，一些具备知识技能的农民（尤其是农场主）会将购买期权期货作为转移自身生产与价格风险的手段之一，与此同时经营管理费用的补贴会激励保险人去承保更多风险，并通过合理的经营管理安排转移风险获得更高利润，保险机构对承保的农业系统性风险进行分散的方式可以是再保，也可以借助期权期货市场，如采用买入看跌期权等方式。期权期货市场私人购买者面对的竞争者是享有补贴的机构投资者，前者不论在财力、信息还是专业能力上都不及后者，因此会产生私人投资者被挤出这个市场的可能，被挤出的农业生产者可能会转而投向农业保险，借用专业机构的力量转移风险。

（三）补贴在各主体间的分配

经营管理费用补贴在市场主体间的分配机制根据各国农险经营模式、农险市场结构与主体的不同而差别较大，举例来说，如果一个国家的农业保险经营者享有自主定价权，那么经营管理费用补贴会反映到产品价格上，表现为价格下降，因此补贴会在保险人和被保险农户之间进行分配，当然该国农险市场的竞争结构也影响着补贴的分配结果；如果该国的农业保险市场是完全竞争的，那么农险产品的价格过低让所有保险人的经济利润接近于零，此时被保险农户能从经营管理费用的补贴中得到最大收益，然而在各国的农业保险实践中，采用完全市场竞争化模式的国家很有限，大多数国家的农业保险市场或多或少存在着垄断现象，可以说垄断程度越高，保险人的市场影响力就越大，制定价格的能力便越强，农民能从经营管理费用中得到的补贴就越有限；而如果一个国家的农险产品价格不是由市场决定而是由政府制定的，那么根据市场结构和市场主体的不同，经营管理费用补贴的分配机制也呈现出多样化，拿印度来说，其全国的农业保险都是由国有的印度农业保险公司经营的，不同农业保险项目的保费也由该公司制定，虽然其在保费制定过程中一定程度上考虑了风险的高低差异，但就农民需支付的这一部分保费的制定原则来说，总体上还是以农民能支付得起为标准，在这种情况下，政府对公司的运作成本进行补贴更类似于公司股东对公司的资本投入，其作用是减少亏损保障公司运作，因此补贴的效用会被内部化，很难对市场供给和需求产生什么影响。美国与印度虽然都实施经营管理费用补贴，但在补贴的分配机制上可谓天差地别。首先，美国的联邦农作物保险公司制定保费、负责监管但是不直接经营农业保险；其次，美国的农业保险存在相当程度的市场竞争；再次，美国的保险中介市场十分发达。综合以上三个条件，在不能通过降价争取市场的情况下，相当一部分的经营管理费用补贴会从保险公司流向保险中介，以换取中介手中的市场资源。

1. 农户与保险中介市场

我们假定农户购买农业保险的主要影响因素是价格，而费率就是价格的衡量标准，在一个给定费率 f 水平下，农民会投保保险金额为 L 的农业保险，此时农民供需支付的保费为 $f \times L$。

由于在模型中保险价格规定了精算公平费率水平 p，保险中介无权变动，除此之外，保费补贴比例 s 也由农作物保险公司（FCIC）给出。因此农民需要承担的费率水平就如下。

$$f = (1-s) \times p$$

农民的需求被认为是关于费率的减函数。农业保险的供给关于费率水平是具有完全弹性的。

农户与保险中介市场的供给需求曲线如图 5-3 所示。

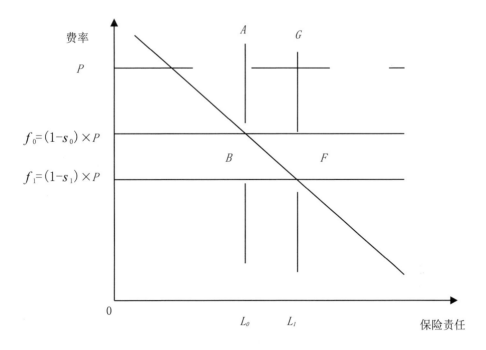

图 5-3　补贴前后保险中介与被保险农户的市场

原始的供给与需求曲线分别是 s_0 与 f，当政府保费补贴的费率从 s_0 增加到 s_1 时，均衡的保额由 L_0 增加到 L_1。此时，所有被保险人支付的保费总计如下。

$$f \times L = (1-s) \times p \times L$$

而政府承担的保费补贴为 $s \times p \times L$。

因此，政府和被保险人缴纳的总保费如下。

$$P = (1-s) \times p \times L + s \times p \times L = p \times L$$

保费补贴比例的提高会刺激需求，增加投保面积，但不能确定其对农民缴纳的总保费有怎样的影响，不过由于有保费补贴，保险人获得的每单位保额的保费收入都是固定的，既然提高补贴比例会扩大需求，那么提高补贴比例就一定能扩大保险公司的保费收入。

2. 三方市场

在保险中介与保险公司的市场中，保险公司希望从中介手中获得客户，而这些客户往往直接和保险中介签约并交纳完成保费。因此，我们可以建立这样的模型，保险公司对保费的需求额主要取决于交给保险中介的手续费费率 C，当然还有其他因素影响保险公司对保费的需求，包括为获取利润而进行的其他

119

和中介费无关的成本投入、从保单中获得的预期收益等。

一般来说，保险公司获得收益有两个渠道，一个是从收取的保费中获得的预期承保利润，通常表现为保费的一定比例，而且一般来说保费规模越大，获利能力越强；二是保险公司能得到的经营管理费用补贴，补贴通常是保费的一个固定比例由政府制定。由于保费越多能获得的预期利润越大，且保费越多能得到的经营管理补贴也越大，因此对保险公司来说，获得的保费越多，效用越高，保险公司对保费的需求量与需要付出的中介手续费呈负相关。市场上总的保费 P_0 已经在保险中介与被保险农户的市场上达到均衡，因此保费的供给是完全无弹性的，W 是反映的是保险中介进行展业的边际成本。

假设市场是完全竞争的，那么每个公司都在努力从中介手中争取业务，保险公司在未享受到经营管理补贴，中介手续费费率为 C_0 时，市场达到均衡，有（$C_0 - W_0$）$\times P_0$ 的利润从保险公司转移到保险中介手中，当保险公司享受到经营管理费用的补贴后，面对相同的保费收入，他们可以容忍付给中介更高的手续费，这就使得需求曲线上移到与供给相交于更高的中介手续费点 C_1，保险中介就可以获得更高的收入转移，数额为（$C_1 - W_0$）$\times P_0$。

当然，如果保险公司处于起垄断地位，那么垄断组织把中介手续费控制得离中介的边际成本越近，利润的转移就越少。

综上所述，经营管理费用补贴的分配在各国间差异很大，不同的农险经营模式、农险发展程度、价格制定机制、市场主体情况和市场竞争结构都会导致经营管理费用的不同分配。而不同的利益分配模式，也会进一步塑造各国农业保险市场的不同格局。

三、税收优惠的作用机制

政府采用税收优惠的方式扶持企业和行业发展的做法由来已久，随着税收优惠政策的不断发展，人们逐渐意识到税收可以用来贯彻国家的政治、经济和社会政策，并可以取代某些财政支出，这种用以实现政府目标的税收优惠逐渐被称作税式支出。税式支出是通过财政支出预算将国家应收的税款不予征收，而是以税收优惠的方式让渡给纳税人，实质是增加纳税人手中的收益，可看作一种补贴。鉴于农业生产在经济社会中的重要地位，各国积极采用税收优惠的方式对农业活动进行补贴，而农业保险作为转移农业风险、保障农业生产与农民生活的重要工具，也频获税收优惠政策的倾斜。各国针对农业保险的税收优惠在优惠的税种和优惠力度上差异较大，美国、菲律宾等国对农业保险免征一切税赋，日本对非营利的农业保险全额免税，俄罗斯对农业保险经营企业免征所得税，意大利等国免除了农业保险经营过程中的印花税、登录税等。我国近年来也不断强化着对农业保险的税收优惠，如《中华人民共和国增值税暂行条例》第十五条规定农业生产者销售的自产农产品免征增值税。

（一）税收优惠的作用机制概述

税收优惠政策的传导机制可概述为：税收优惠政策目标确定—税收优惠政策实施—纳税人收入变化—纳税人行为调整—利益相关者行为调整—经济活动发生有利于政策目标实现的变动—政府的调控目标实现，当一个产业或一类企业的发展能给国家和社会带来显著的正外部性收益时，无论这一收益是即时性的或未来潜在的，都可能促使政府对该行业和该类企业运用税收优惠措施，这就是税收政策的目标确立过程。

政策开始实施之后，受惠企业和行业会因缴税额在当下时期的减少而迎来资金实力增强和利润上升，使其抵抗市场风险的能力增强，竞争力因而提高，这会从至少四个角度矫正市场失灵、促进行业规模和企业数量增长、引导企业行为调整使之向实现政策目标上靠拢。

一是企业收入和利润的增长会使得产品和行业的既定生产者为能更大程度地享受优惠、获取利润而加大投入，扩大生产规模。

二是其他产品或行业的生产者在足够的利益引诱机制下，很可能转投入受惠行业怀抱，将原本用于生产其他产品的生产资料投入此行业中。

三是税收优惠的刺激作用往往不局限在其能为企业带来的利润额具体增幅上，税收优惠在一定程度上会被解读为政策信号，预示着国家和政府对该行业的重视和扶持，行业发展前景被看好，这甚至会吸引一部分企业不计成本地投入该行业的市场竞争中。

四是税收优惠是一种精细的政策，对不同对象实行税收优惠、实行不同税种、不同方式的优惠都会在激励行业整体增长的同时，精准地刺激企业通过调整产品结构和行为方式获取更多的税收优惠利益。

以上就是纳税人因税收优惠政策而享受的收入提高及其带来的纳税人行为调整。随着纳税企业行为调整，市场上的其他主体也会做出相应的行为调整，与纳税企业关系最为密切的市场就是上游的要素市场和下游的产品市场。对上游要素市场来说，获得税收优惠的纳税企业是需求方，而由于税收优惠给需求方带来了整体性的成本下降、利润增长，而且需求方大量增加的企业数量和加剧的市场竞争格局让要素市场供给方有了更多话语权，因此要素的购买价格可能会提高，这对上游要素市场供给方的成长具有一定意义。对下游产品市场来说，享受税收优惠的企业是供给方，税收优惠带来的收益会视市场竞争格局的不同在不同程度上转移给消费者，该行业给社会带来的整体税收负担会减轻，与此同时，转移给消费者的税收优惠主要表现为产量增多、价格下降，消费者在因收入效应获得收入提高的同时，会增加对该产品的消费数量，无形中替代了对其他产品的消费，这会一定程度上打击人们对被替代产品的生产热情，可能造成被替代产业萎缩。当然，根据市场格局、企业获得的优惠税种及优惠方式不同，税收优惠对市场上各个主体的影响程度是有一定差异的。

然而税收优惠政策从开始实施到达到预期政策目标往往并不是一蹴而就的，税收优惠也可能存在时滞、路径依赖等情况，严重时可能使政策收效甚微，因此对企业和产业的税收优惠政策需要不断反馈与调整，政府要建立基于信息反馈的相机抉择机制。我国农业保险自 20 世纪 80 年代恢复以来，经历了曲折的发展过程，而近年来小步慢推、层层递进，地方试点先行、政策全面启动在后的税收优惠政策无疑是促进农险发展的重要武器。

（二）税收优惠政策促进农业保险正外部效益的发挥

1. 农业保险是否具有正外部性效应

促进农业保险正外部性社会效益的发挥是政府对农业保险经营主体实行税收优惠的理论依据和政策目标，在此我们首先要确定的问题是，农业保险的属性是什么，是否具有正外部性效益，这个问题已在学界业界进行过广泛讨论。国内外很多学者的研究都认为农业保险不仅仅是私人物品，其在一定程度上具有公共物品的属性，在国内一些专家学者认为农业保险应该定义为"准公共物品"，由于农业生产非常脆弱，受自然灾害影响大，且诸如干旱、洪涝等灾害的发生对农业生产影响的波及面很广，所以农业保险的保费通常为保额的 10% 及以上，这几乎是其他财产保险的几十倍，保险公司不愿意承保，农民交不起保费，再加上农业保险的提供者并不能直接在农业保险稳定农业生产、保证粮食供给等正外部性上获利，其得到的收益往往不足以抵偿付出的成本，这些"准公共物品"的特征让农业保险遭遇"供需双冷"的局面。

因此，农业保险稳定生产、保障农民生活的正外部性效应显著，然而对于农业保险经营主体来说其私人收益远低于社会收益，私人收益也无法弥补私人成本，经营者不可能在"无形的手"的引导下谋求社会福利最大化，这就需要政府力量的介入来矫正市场失灵，实现社会福利最大化条件下的有效供给。

2. 税收优惠促进农业保险正外部性效用发挥的经济学解释

如图 5-4 所示，经营农业保险给保险公司带来的私人边际收益是 MR_1，而带来的社会边际收益是远大于私人收益的 MR_2，社会收益与私人收益的差额表现为图中的 AE 线。在没有税收优惠的情况下，保险公司的边际成本是 MC_1，此时市场上的成交量在交点 A 上，然而要使得社会效益最大化的产量应当为 B 点，这时有面积为三角形 ABE 的社会福利没有被释放，是一种社会损失。面对这种情况，一种可能的办法便是对农业保险经营主体实行税收优惠，税收优惠有效地降低了生产单位产品的边际成本，使得边际成本曲线由 MC_1 移到 MC_2，这样一来，税收优惠政策实施后的市场均衡产量便可达到社会福利最大化产量，隐性的福利被释放出来，也可以达到政策的目标。值得注意的是，这里的分析更适用于对流转税而不是所得税进行税收优惠，因为企业的流转税负担可以直接通过给商品提价转嫁给消费者，因此给予流转税的税收优惠后，可以观察到单位产品价格较为均匀的下降，而所得税属于直接税税种，企业通过所得税优惠获得收入和利润增加后，会视情况选择是否把利润通过降低产品价格的方式与消费者共享，即所得税税收优惠后的市场供给曲线可能并不出现均匀的右移，无法确定产量、价格使社会福利会发生怎样的变动，这就使得流转税优惠在产品市场上对农业保险正外部性发挥的作用更加直接。

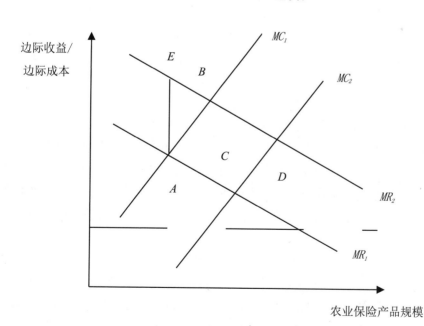

图 5-4 税收优惠有助于发挥农业保险正外部性特点

3. 政府对农业保险实行税收优惠的实践依据

在实际中，政府对农业保险进行税收优惠要考虑两方面：一是实行税收优惠能在多大程度上促进行业规模的增长；二是行业的增长能给经济社会发展带来怎样的作用，国家和居民是否能从行业未来的发展中获得利益。基于这两方面进行考虑是因为税收优惠相当于政府将税收让渡给受惠企业和行业，而在经济水平既定税收规模有限的情况下，政府要想维持现有的服务水平就需要在其他方面加重课税，这在一定程度上会阻碍这些行业的发展，因此必须使得税收优惠政策带来的当期或未来福利增加量超过加重课税造成的福利损失，甚至要超过对其他行业及产品进行税收优惠达到的效果，才能获得社会福利的帕累托改进或者帕累托最优，此时的税收优惠政策才符合最优税收规划的要求，才是有效率的。对农业保险实行税收优惠是符合上述要求的有效率的税收政策，原因包括以下三点。

第一点原因是相较于其他行业，农业保险具有一定程度的自然垄断属性，规模经济的特点表现得较为突出。对于保险公司来说，对一个区域内的农田进行集体性承保核赔的平均成本，远远小于单独对一块农田进行承保核赔的人力物力成本，大片区、大范围的承保同时还会鼓励新型定位技术和勘察技术的应用，更有效地降低成本，且一些创新险种，如气象指数保险和价格指数保险，其中涉及的保险标的，即各类指数本来就是区域性的指标，在不同风险分区内部进行整体性承保和理赔也有利于降低成本、提高收益。因此，在农业保险发展初期，市场竞争格局还未完全形成时提供税收优惠，可以帮助行业扩大生产规模，使得规模经济的作用得以快速显现，保险公司规模效益带来成本降低的同时，农业保险产品价格下降、保障程度提高也会造福农户和社会。当然，税收优惠政策是在不断调整的，如我国为吸引外资曾对外国企业和国外投资实行大力度的税收优惠，随着市场开放度提高且外商对中国的投资热情被激发，税收优惠政策的目的已经达到，那么此项政策的力度和范围要减弱和缩小，农业保险政策也是如此，随着农业保险市场主体的增多、盈利能力的增强，规模经济效益已经显现，农业保险税收优惠也要不断地进行调整以适应政策目标的变化。

第二点原因是农业保险的杠杆作用非常明显，对农业保险进行各类优惠的效果很可能优于对农业进行直接补贴或进行灾后救助。农业保险的灾后补偿与损失高度匹配、补偿具有及时性和针对性，这些尤为重要的特点使得农业保险具有很强的转移农业风险、保障农业生产的作用，而这些特点也是针对农业的其他类型补贴在面对农业巨灾风险时所不具备的，美国在财政预算中减少农业直接补贴、大幅增加农业保险财政补贴就是一个典型的示例。因此，把税收优惠与其他补贴方式（保费补贴、经营管理费用补贴、再保险补贴等）相结合运用到农业保险发展中去，可以充分发挥杠杆作用，用相对较少的资金获得很大的保障功能。

第三点原因是在对农业保险的各项支持与补贴措施中，税收优惠的作用对象比较直接，利益的"跑、冒、滴、漏"能得到一定程度的遏制。税收优惠本质上是政府利益的让渡，企业所做的仅是减少应纳税额，这对企业来说是喜闻乐见并且会积极争取和遵从的，而其他补贴方式的源头是财政支出，从财政拨款到受益人最终拿到补贴，期间经过的每一道流程都会产生补贴"跑、冒、滴、漏"的可能，从这个角度来说，税收优惠这种方式可能具有相对较高的效率和补贴到位率。

（三）农业保险税收优惠对市场供给主体的影响

这里所说的农险市场供给主体主要指经营农险业务的商业保险公司。在世界范围来说，经营农业保险业务的机构除了商业保险公司外，还有政府部门直接经营或者相互制保险机构经营，后两者都不以营利为目的，对政府部门经营的农业保险实行税收优惠其作用和财政直接拨款差异不大，而对互助共济的农业保险经营机构实行税收优惠更多的是出于弥补成本、保障准备金、保证相互机构顺利经营下去等目的。税收优惠对保险公司的影响根据优惠税种和优惠方式的不同而有所不同。就优惠税种的不同来说，实行流转税还是所得税优惠、价内税还是价外税优惠对保险公司的利润与市场行为的影响有区别；就优惠方式的不同来说，实行税收减免或税收递延、大灾风险准备金是否税前列支等会对保险公司有差异化的影响。同时，税收优惠不仅仅对市场中已存在的供给主体有激励作用，对尚未经营农业保险业务的保险公司也有吸引作用。

1. 税种不同对农业保险经营主体的影响

（1）流转税税收优惠对保险公司的影响

流转税与所得税的区别主要体现在：流转税的计税依据是流转额，所得税的计税依据是所得额；流转税只与商品销售收入有关，不受成本高低影响，而所得税直接受成本规模影响；流转税一般是价内税、直接税，对物价影响较大，税负容易向消费者转嫁，不过增值税属于价外税，所得税由于税负不能转嫁，属于间接税，所以其税收增减变动对物价不会产生直接的影响。

流转税税收优惠的作用机制为：税收优惠—供给曲线移动带来产品价格下

降—产品价格下降幅度小于税收优惠额度—成本下降幅度大于价格下降幅度—公司利润增加—生产规模扩大。

（2）所得税税收优惠对保险公司的影响

所得税税收优惠的作用机制为：税收优惠—公司利润增加—部分利润用在降低价格、提升服务上以增加竞争力—部分利润用来充实风险准备金—扩大经营规模以获得更多税收优惠利益。由于所得税是直接税、价外税，所得税的征收与税收优惠并不会直接反映在农业保险市场的产品价格上，税收优惠福利先是体现在保险公司内部，表现为公司利润的上升。

因此，对某家保险公司来说，未实行税收优惠时，生产该产量的农业保险产品能给保险公司带来的利润为 A，在得到税收优惠政策之后，由于少交税款，利润会增加，增加额可能表现为原有利润的一定比例，在获得这一部分额外的利益后，保险公司可以将利润留存或分配，也可以用降低产品价格或者优化承保理赔服务等方式增强行业中的竞争力，同时为更大程度地享受税收优惠的利益，公司也会增加产量提升规模，从而促进整个农业保险市场产品供给量增加。当然，纯利润的增加会使保险公司把经营目标由保证公司在行业里生存的短期目标转移向稳定经营、规划长远发展的长期目标，因而可能会增强对各项准备金特别是大灾风险准备金的重视程度，这样有利于公司和行业长期健康发展。

2. 优惠方式与对象的不同对农业保险经营主体的影响

不同国家对于农业保险实行税收优惠的方式和优惠对象是有所不同的，税收优惠的方式有税基优惠、税率优惠、应纳税额优惠以及纳税时间优惠等，在农业保险中比较常用的税收优惠方式是税基优惠以及应纳税额优惠，我国对种植业和养殖业保险的保费收入按照 90% 计征所得税，而美国、菲律宾、日本等国对农业保险收入全部免征所得税，可以看到这些国家对农业保险的优惠力度远大于我国，其对农业保险发展的刺激作用也更为显著。

税收优惠对象的不同更能体现国家对农业保险行业长远发展的思虑，具有更强的目的性和更精准的作用。以美国为例，其《联邦农作物保险法》中规定："不得对联邦农作物保险公司的资本、准备金、盈余、所得与财产征收任何赋税，也不得对公司的保险合同和再保险合同征收任何赋税。"这个规定较为详尽地列出了农业保险中可能的税收优惠对象。如果政策中强调对于保费收入、营业收入的税收优惠，那么公司会尽力扩张保费规模，这有助于公司走上保费导向型、规模导向型的发展道路；如果政策中强调对于公司盈余的税收优惠，那么公司会提前和提高对盈利能力的重视，这也越发增强了盈利能力强的企业在行业中的竞争力；如果政府对某一险种、某一区域的税收优惠力度大于其他险种或其他区域，那么保险公司必将争先恐后开展该地区、该险种的业务；而如果政策格外强调对准备金特别是大灾风险准备金的税收优惠，那么公司会强化准备金的提取工作，会使得偿付能力得以增强、巨灾风险得到更充分防范，最终有利于公司和农业保险行业的长期可持续发展。而如果像我国一样，还对"为使农民获得与农牧保险相关的技术培训"提供税收优惠，会有利于增强农民的保险意识，有利于保险公司顺利开展业务。因此，政府提供不同方式和对象的税收优惠，也体现出政府不同的政策意图。

3. 税收优惠对市场潜在供给主体的吸引作用

对农业保险实行税收优惠政策以后，会有更多主体加入农业保险的供给行列。推动潜在经营主体加入农业保险市场中的原因如下。

一是无论是对流转税还是所得税或其他类别的税收实行优惠，都会带来保险公司经营利润增加，利润增加自然会吸引其他行业和经营其他险种的保险公司投入农业保险市场中来。

二是农业保险具有一定程度上的自然垄断属性，因此先进入市场的主体会比后进入者拥有得天独厚的先发优势，当看到税收优惠实施，更多公司会意识到农业保险是一块政府重视、有发展前景的重要领域，希望在市场还未完全成型之际加入这项业务中来。

三是政府在对农业保险进行大力度税收优惠的同时，可能适度减少对其他保险项目或者农业其他支持政策上的支持力度，这就使得农业保险相对而言具有更强的吸引力。

四是我们必须在供需均衡的市场讨论农业保险规模问题，税收优惠的实行会或多或少地降低农业保险产品价格，这使得农业保险对其替代产品的替代性增强，人们在购买更多农业保险的同时，会减少其替代品（如银行储蓄、其他保险产品）的消费，这会从需求端打击这些被替代品的生产热情，也驱使更多生产资料投入农业保险领域。

（四）税收优惠对与农业保险相关的其他主体的影响

除去经营农业保险的保险公司外，税收优惠涉及的其他主体还包括购买农业保险的农户、保险中介、提供税收优惠的政府等。

1. 税收优惠在农业保险经营者与购买者之间的分配

对农业保险实行税收优惠，其受益者不仅仅是保险公司，农户也可从中受益，农户与保险公司的受益情况分配根据供需弹性、经营农业保险的保险机构性质、市场竞争程度、价格是否可以自由变化、市场准入退出制度等因素的不同而有较大差异。接下来对在完全垄断及垄断竞争市场格局和不同的价格制定规则与市场准入机制下，农业保险税收优惠的利益分配情况进行分析。之所以没有讨论完全竞争市场，一是因为在各国实践中，完全竞争市场并不是农业保险发展的主流情况；二是因为完全竞争市场往往不会有价格的限制和严格的准入退出机制，税收优惠的利益分配比较简单，税收优惠更多惠及需求或供给有弹性的那一方。

（1）完全垄断市场格局中的利益分配

首先看完全垄断市场格局下税收优惠的分配，完全垄断市场格局中，垄断企业可以分为以下三种情况。

一是垄断企业可以在利润最大化目标下自由制定价格。若垄断可以以利润最大化为目标自由定价，在税收优惠之后，边际成本下降，平均成本也随之下降，垄断者为使得利润最大化，会选择在更高产量上达成交易，这就使得产品价格下降，购买农业保险的农户因此能获得一部分的税收优惠利益，且农户对农产品需求曲线的弹性越大，其在税收优惠之前能获得的消费者剩余越大，在税收优惠之后能得到的消费者剩余增长值也越大。

二是市场价格由相关部门规定，规定价格通常低于垄断企业能获得利润最大化的价格。在价格既定的情况下，垄断企业在税收优惠之前能够自由选择的变量只有产品经营的规模，其选择的规模往往高于自由定价下的产量。对农业保险实行税收优惠能降低垄断厂商成本，从而使垄断企业在利润最大化条件下制定的市场价格降低，更靠近规定价格，垄断企业在税收优惠后的福利会增加，而购买农业保险的农户不会看到价格显著下降，因而也不会大幅度提高购买量，因此在价格由相关部门规定的情况下，税收优惠更多是给农业保险经营者增加福利。

三是垄断企业拥有较强的政策性属性，其经营农业保险不是以利润最大化为目标，其经营目标是在不盈不亏的情况下实现农民经济效益的最大化。税收优惠使垄断企业提供农业保险产品的成本降低，而本着不赢不亏的原则，农户面对的购买价格也会下降。在这种情况下，税收优惠的最大受益对象就是购买农业保险的农民，农民可以享受由成本价格下降、农险产品供给量增加的全部好处。对垄断企业而言，税收优惠使其单位成本下降，但由于供给量增加，总成本可能增加或减少。

（2）寡头垄断或垄断竞争格局下的利益分配

寡头垄断或垄断竞争是各国农业保险市场最常见的市场竞争结构，这种竞争格局的形成一方面可归因于农业保险具有一定垄断性的自然属性，另一方面源自一些国家对农业保险经营机构严格的准入退出机制。而税收优惠的利益分配情况根据市场竞争程度、定价方法的差异而有所不同，如果各地区农业保险市场的竞争程度比较激烈，那么税收优惠的利益分配就更依赖供给需求曲线的弹性，弹性越大的一方能获取更大收益；而如果一个地区的农业保险市场属于寡头垄断，那么当垄断寡头达成不降价或降价幅度很低的协议时，税收优惠利益转移到农户身上的就比较少，而当垄断寡头更多地利用精算方法，采用成本加成方法来定价时，税收优惠就能给农户带来更多益处。当然，垄断竞争或者寡头垄断市场也要遵循政府为农业保险制定的指导价格，此时对农业保险实行税收优惠带来的福利更多会被保险公司一方吸收。

2. 税收优惠给政府及其他农业保险利益相关者带来的影响

（1）税收优惠给政府带来的影响

税收优惠是政府将自身利益向纳税企业让渡，因此政府是农业保险税收优惠的重要利益相关者。税收优惠最为直接的影响是减少了政府的税收收入，但深究人们会发现农业保险税收优惠可以给政府带来以下几方面的利益。

一是从农业保险经营主体内部来看，如果农业保险经营主体具有较强的政策性属性，其成立和经营管理以国家财政为依托，那么实行税收优惠并不会带来额外的财政压力，因为税收优惠能降低经营成本，从另一方面减少了国家的财政支出，而如果保险公司市场化属性比较强，税收优惠和其他一些补贴手段，如经营管理费用补贴都对保险公司的成本有降低作用，那么税收优惠实际上可以替代一部分其他方式的补贴，这也节省了财政的其他支出，而且税收优惠精准化的调节作用可以引导企业做出政府期待的行为，如增加准备金，这也可以促进企业长期的健康发展，减少未来在纠偏、矫正等工作上的政府支出。

二是从农业保险市场来看，虽然税收优惠主要是从补贴保险公司、刺激供给侧角度来实现市场规模的扩大，但根据上文的分析，税收优惠可以通过一定的传导机制让农户受益，政府可以通过调节供给需求两侧的补贴力度来推进市场的协调增长，税收优惠政策与用来刺激需求侧的保费补贴等手段具有一定程度的替代性。

三是从整个农业生产活动来看，农业保险行业的发展有助于发挥保险稳定器的作用，从而推动农民收入稳步增长和农业产业的稳定发展。促进农业发展是各项农业政策的共同目标，因此实施农业保险税收优惠也有助于替代其他农业政策支出，体现政府职能，提高政府声誉，同时农业是国民经济发展的基础和重要组成部分，政府能从未来农业发展和国民经济增长中获得长期利益。

（2）税收优惠给农业保险中介机构带来的影响

农业保险市场上还存在其他一些利益相关者，如保险中介机构等，中介市场发展程度、市场竞争程度、保险产品定价机制的不同，农业保险税收优惠给中介机构带来的影响也不同。在中介势力较强、掌握资源较多的市场环境中，税收优惠带来的市场上保险公司数量增多、竞争程度增强的情况会驱使保险公司特别是新进入市场的公司通过加大保费返还等方式，把税收优惠利益的一部分向中介市场转移，促进农业保险中介机构发展。

当然，在一些国家，农业保险产品的保费是由政府或相关机构制定的，保险公司自主定价的权力很小，在这种情况下，税收优惠降低了保险公司成本，可公司无法通过降低价格的方式提高竞争力，便只能采取非价格竞争的方式，如提升产品服务、变相降低价格或者给予保险中介机构更多利益，此时对农业保险的税收优惠也会向中介市场转移。

四、农业再保险补贴

补贴农业再保险费实际上也是保费补贴的一部分，由此可见农业再保险补贴的更准确称谓应为农业再保险保费补贴。此项补贴可大幅提高农业原保险人参与农业再保险和农业再保险人进行进一步分保的积极性，因而受到一些发达国家的重视。例如，美国《联邦农作物保险法》就规定，由联邦农作物保险公司直接经营农作物再保险，对参与农作物保险计划的各种保险公司只要其办理再保险，均可从联邦农作物保险公司获得参保农民所缴纳保费的30%的再保险补贴。

我国目前尚无专门的农业再保险机构，再保险补贴暂时无法在我国开展。但鉴于农业再保险的重要性，我国可在借鉴国外经验的基础上，由中央财政直接对经营政策性农业原保险业务的农业原保险人在购买再保险时给予一定比例的保费补贴，以鼓励其积极分保。

另外，为方便各地农业原保险人购买再保险，中国农业再保险公司应根据实际需要在各地建立分支机构。在中央的统一协调下，各地方政府因地制宜，根据区域财政实力和风险状况提供补贴程度不等的再保险合同，以促进政策性农业再保险业务的经营。基于我国各地政府财政实力的区域性差距十分明显、农业保险的性质定位及政策性程度不一、农业再保险市场机制发育极不成熟等现实，我国在引进发达国家的这一制度经验时，应坚持循序渐进、有缓有急的原则。

五、农业巨灾保险基金亏空补贴

为应对农业巨灾给农业造成的损害，各巨灾保险体系比较完善的国家多数都建立了农业巨灾保险基金或类似基金。当农业发生严重的自然灾害导致农业保险人无力承保时，农业巨灾保险基金便是分散风险的有效手段之一。但若因农业巨灾导致基金亏空而不予以必要弥补，则恐怕难以保障投保人和保险人的利益，从而制约农业的发展。因此，一些国家创设了基金亏空补贴制度。我国农业保险立法借鉴相关经验，明确规定中央政府对国家农业巨灾保险基金的经营亏空负有 40% 的财政补贴义务，各省、自治区、直辖市按其近五年来政策性农业原保险保费收入的总量在全国近五年来政策性农业原保险的保费收入总量中所占的比例，分担中央财政填补之后的基金亏空余额的 40%，其余 20% 的基金亏空余额由中国农业发展银行通过发放农业保险优惠贷款的方式填补。

第三节　农业保险财政补贴的原则与配套政策建议

一、农业保险财政补贴的原则

（一）试点探索的原则

我国地域广阔，气候差异大，农业生产条件复杂，开展农业保险时间短、险种少、规模小、经验不足，不可能在短时间内全面铺开农业保险，必须循序渐进，稳步发展，先试点，后推广。

我国不应局限于国外已有的补贴方法，在借鉴国外成功经验的同时还要进行一定创新。当前除了采取保费补贴外，政府还可以按照财政状况，逐步采取财政提供保险公司启动资金、业务费补贴、再保险和减免税收等方式来实现农业保险的发展。

应结合当地的实际情况来确定农业保险补贴的范围力度。我国地域辽阔，农业生产环境差别很大，因此对农业保险进行补贴必须结合当地的实际情况，寻求因地制宜的发展路径。

（二）量力而行的原则

农业保险财政补贴存在的难题有很多，如由谁来补贴及补贴给谁更合理，以何种方式补贴效率更高，补贴多少才能调动补贴需求者的积极性，在国家财力允许的范围内补贴资金从哪来才不至于影响国民经济的其他方面，由谁来负责监管及如何监管更科学等。如果不能合理解决任何一个方面，将会直接损害农业保险补贴的公平与效率。所以，农业保险补贴在开展前应充分调研，不断积累经验，并通过制度建设稳步推进，以尽量做到与国民经济和社会发展水平相适应。

我国是发展中国家，国家财力有限。根据我国目前的财力，短时间内很难对全国的农产品实行农业保险财政补贴，因此政府必须根据自己的实际情况开展以国家财政补贴的农业保险。

政府要按照财政状况进行补贴，防止财务负担过重，入不敷出。政府补贴还要匹配农业保险市场的发育程度、农民收入水平和费用负担能力，以确保补贴可以发挥最大的效用，使政府、保险公司、农户三者共同承担责任，既要保证农业生产安全和农民生活水平不断提高，又不会对中央财政造成过大的压力。中央和地方财政应共同对农户投保按品种、按比例给予保费补贴。鉴于我国现阶段政策性农业保险以保障农户的再生产能力为主，宜选择保成本的方式保障参保农户，这也是政府负担最小的保障方式。

（三）公平与效率兼顾原则

对保险公司经营补贴要兼顾公平和效率的原则，建立相应的责任机制。补贴很容易带来效率不高的问题，因此应尽量通过再保险、保费补贴等方法来分担保险公司的经营风险，并有效提高保险公司的收入。对政府经营的保险公司要给予财政资金支持，但不宜采取"大兜底"的方式，保险公司必须承担自己的经营责任。

（四）合理分担原则

随着政策性农业保险覆盖面的不断扩大，农业保险补贴的资金需求量不断增多，而明确划分诸补贴供给义务主体间特别是各级政府间的农业保险补贴供给责任，是确保农业保险补贴资金落实到位的关键。至于如何划分才算合理可行，没有一个放之四海而皆准的统一标准。从世界范围看，实行政策性农业保险的各个国家或地区均以中央财政承担主要补贴供给义务，有些辅以地方财政，还有些辅以社会主体。我国是发展中大国，各地经济发展极不平衡，因此有必要实行差异化的补贴供给义务分担制。

二、农业保险财政资金补贴的设想

（一）确定财政补贴的农业保险标的

农业是我国国民经济的基础，但我国的农业属于弱势产业，随着我国加入世贸组织，我国分散的小农业将直接面对国际市场的激烈竞争，粮食、家禽等主要农产品生产所面临的挑战尤其严峻。为分散和降低我国农业生产的自然风险和市场风险，保障农业安全，实施保护政策是必不可少的。而政策性农业保险又是符合世贸规则的重要农业保护制度，得到世界各国的普遍采用。政策性农业保险制度的核心就是给予农业保险以财政资金补贴。

农业保险财政补贴的保险标的是所承保的所有标的集合，包括种植业和养殖业财产本身及与其有关的利益和责任。按照我国的综合国力和国家财力，政府确定财政补贴的农业保险标的应坚持基本保障、量力而行和保障粮食安全的原则，把商品率高的粮食主产区的主要粮食作物和主要畜、禽、水产养殖作为财政补贴的对象，具体保险标的为水稻、小麦、玉米等主要粮豆作物和主要畜（生猪、肉牛）、禽、水产品。按照以上的补贴顺序，可重点考虑对水稻、小麦、玉米、大豆四类作物提供保费补贴。

（二）确定保险金额

考虑我国当前的农民投保能力和财政补贴能力，农业保险的保障金额在短时间内应以维持农民基本再生产能力为基础，保险金额以直接物化成本为依据较为适宜，并在此基础上确定农业保险补贴的比例和金额。还应按照微利原则合理规划各险种的补贴标准，特别是保费补贴标准，一般来讲保费补贴标准大体为 30% ～ 50%。

（三）确定保险责任

我国是世界灾害频发、受灾面广、灾害损失严重的国家。仅 2019 年，自然灾害给农业带来的直接经济损失高达 3270.9 亿元。灾害种类包括地震、干旱、洪水、洪涝、泥石流和农林病虫害等。南方地区多以洪水、洪涝、旱灾、泥石流等自然灾害为主；北方地区多以旱、涝、风、雹、冻、病、虫为主。各地区在选择保险责任时，必须要结合本地区的实际情况。

（四）确定保险费率

确定农作物保险费率依据的是保险责任计算的损失率，不同保险责任的损失率有所不同。人们要以损失率为基础确定保费费率，但农业保险损失的可控性差，时常会发生道德风险和逆向选择的现象，为了有效规避这些风险，在制定保险条款时，一般采取绝对免赔率进行控制。因此，在确定四种主要农作物的费率时，一般可采取按损失率扣除 30% 的绝对免赔率为保费费率。

（五）保险补贴的分级财政体制安排

农业保险作为准公共产品，从纵向上来看，其受益范围是多层次性的，从横向上看，农业灾害区域并不与行政区域相对应。虽然由中央政府统一实施政策性农业保险，但地方政府的信息更充分，而且为了防止其道德风险的发生，同时适当减轻中央财政的支出压力，地方政府也应积极参与，参与形式之一就是负担一定比例的农业保险补贴。中央和省、市、县、乡五级政府之间还可以在财政体制中考虑这一补贴因素，进一步根据比例分担这一补贴规模。从总体看，要实现这一补贴政策，我国目前的财政是具备能力的。

三、农业保险相关配套政策支持的建议

农业是我国国民经济的基础，很多种因素都会影响农业的发展，其中自然灾害对农业生产的影响巨大，而分散自然灾害风险的重要手段之一是农业保险。由于我国农业保险发展缓慢，目前农业生产的产业链上缺少农业保险的保障，农业保险的发展与整个保险业迅速上升的势头很不相称。

农业保险发展滞后的原因主要表现在：农业保险政策支持力度小；农民对农业保险的购买力较低；农业保险组织体系不适应农业保险发展。怎样提高农业保险对农村、农业、农民的保障程度，解决农业保险存在的问题，国家不仅要给予立法及财政补贴方面的扶持，而且还应从农业保险基础建设投资、农村保险信贷资金、农业保险巨灾风险基金以及农业保险与国家支农政策结合等方面给予政策支持，使农业保险事业稳健发展。笔者现就如何提高对农业保险的政策性支持提几点建议。

（一）加大农业保险基础建设的投资

1.农业保险基础设施投资的必要性

农业是基础产业，国家一般会对节水灌溉、人畜饮水、乡村道路、农村水电等方面的农村基础设施建设进行投资，以提高农村抵御自然灾害的能力。但

由于自然灾害在很大程度上破坏了农业基础设施，每年造成的经济损失巨大。仅仅依靠国家投资维护农村基础设施远不能满足需要，还需要农业保险的保障。因此，农村的基础设施建设体系中还应包括农业保险的基础设施建设。这样做的主要原因为：一是农业保险主要面对农村，农村人口居住分散，农业保险需要设置的网点具有点多、面广、线长的特点；二是农业的高风险性决定了农业保险不具备盈利能力，无利可图。

2. 农业保险基础设施建设投资的方式

农业保险基础设施建设投资应采取中央投资、地方投资、保险公司三方共担方式。主要方式为：①粮食主产区和边远贫困地区的农业保险基础建设投资，由国家、地方、保险公司共同承担，应以国家投资为主；②粮食自给自足地区农业保险基础建设投资主要由国家、地方、保险公司共同投资；③主要由地方和保险公司承担粮食主销区农业保险基础设施建设的投资。

（二）农业保险的信贷支持

1. 农业保险需要信贷支持的必要性

目前，由于农业发展的不稳定性，加上缺少农业保险等保护措施的保障，使大量的农村资金从农村转移到城市，从农业向收益好、见效快的工商产业投放。市场化的信贷资金不敢大量投放到农村，企业、个人的资金对农村市场投放的数量、力度也很小，金融资金在农村不能实现市场化运作。

（1）农业贷款难

农业贷款占贷款总额的比例与农业产值占国内生产总值的比例不协调，与农业在国民经济中的基础地位不相称。农业贷款期限结构不符合农业生产周期及农业投资项目周期。

（2）农村资金外流严重

由于存在城乡区域性金融差异，农村金融资源大量流向城市。与此同时，随着农业结构的不断调整，农村资金需求总量不断增长。这样，许多农村和乡镇企业的投资项目因缺乏资金而无法启动。

2. 信贷资金的支持方式和范围

①对农业保险的投保人提供贷款担保或对向投保者提供低息农业贷款的金融机构给予利息补贴，如果经营农业保险的公司出现流动性资金不足的融资需求，允许其申请一定额度的无息或低息贷款。

②启动农发基金支持农业保险。目前，农业综合开发资金的具体投向主要有三个方面：一是在区域布局上倾斜于农业生产主产区尤其是粮食主产区；二是在项目安排上以土地治理项目为主，重点改造中低产田；三是继续探索产业化经营项目的多种投入方式。农发资金是扶持农业发展的重要资金，所以农发资金的投放应与农业保险保持密切联系，并充分利用农业保险的保障作用，减少因自然灾害对农发资金项目造成的经济损失，从而充分发挥农发资金在农村的作用。

（三）建立农业再保险机制

农业保险的高风险性导致农业保险公司往往由于力量薄弱难以承担全部风险，因此应建立农业保险的再保险机制。可充分利用国家的巨灾准备金，建立农业国际再保险机制，为农业保险经营主体提供再保险保费补贴，用于支持农业保险公司购买国际再保险，达到引入国际风险转移机制，充分运用国际再保市场的风险基金，为相关公司利益长期最大化和平稳运作保驾护航的目的。

（四）对人力资源开发和农业保险科研提供政府支持

在专业教育、人才择业逐步市场化的今天，预期职业收益较低的农业保险行业就业不被看好，直接影响保险行业的教育、就业选择。在这种情况下，各国往往对农业保险教育和科研进行政策支持。复合型人才对政策性农业保险而言十分必要，不仅要求熟悉保险业务，而且还要懂得农业政策和农业灾害知识。农业保险科研也不仅是农业保险经营管理方面的科研，而是综合气象学、保险精算等自然科学和社会科学的科研活动。这些科研活动的外部性很强，但通常不具有直接的经济效益，也是国家政策支持的一个重要方面。事实上，发达国家对农业的支持中这些科研活动是一个很重要的方面。其中，重点有三个方面政策：一是支持形式，可以采用政府购买而不是政府举办、建立机构的方式，确立"养事不养人"的原则；二是对农业保险课程的教育补助，设立定向培养奖、贷学金，建立对农业保险专业优秀硕士、博士论文和优秀教师的奖励制度，为农业保险专业培训买单；三是教育内容，要调整专业教育和职业培训方向，并确定国家基本农业保险教育大纲。

第六章　农业保险监管制度建设

农业保险监管事关农业保险发展大计，但农业保险属准公共物品，具有明显的政策性，在展业、承保、防灾减损、理赔等业务经营方面比一般商业保险复杂得多。这就对农业保险监管提出了比一般商业保险监管更高的要求。本章在清晰界定农业保险监管的基础上，分别对农业保险监管的机构、对象、内容、程序进行深入研究，并提出相关制度建议。本章分为农业保险监管的理论基础、我国农业保险监管的特殊性与金融属性、我国农业保险监管制度存在的问题、我国农业保险监管制度的完善建议四部分。

第一节　农业保险监管的理论基础

一、农业保险监管概述

（一）农业保险监管概念

保险监管有广义和狭义之分。广义的保险监管是指在一个国家的范围内，为达到一定目标，从国家、社会、保险行业、保险企业自身各个层次上对保险企业、保险经营活动及保险市场的监督管理。狭义的保险监管则指国家对保险企业、保险经营活动及保险市场的监督与管理。

农业保险监管也应有广义狭义之分，本书所指的农业保险监管应是狭义的农业保险监管，即国家对农业保险（包括再保险）经营者、保险经营活动、保险市场的监督管理。这里的监管是国家管理经济的职能在农业保险中的体现，国家通过法律的、经济的、行政的手段对保险企业的组织、业务经营、财务等活动及保险市场的秩序进行直接或间接的指导、协调、监督和干预。

（二）农业保险监管的内涵

保险监管是监管和管理保险业的合称。在保险监管中，农业保险监管可以说是一种特殊监管，即对农业保险业的监督和管理。学术界对于农业保险监管内涵的具体理解存在一定争议，主要集中在以下两个方面。

一是农业保险监管人。有的学者认为对农业保险监管人应做狭义的理解，即农业保险监管人仅指专门的政府行政监管机构。有的学者则从广义的角度理解，认为农业保险监管人除了专门的行政监管机构以外，还应包括非营利性社会组织及公民群体。

二是农业保险监管的对象。一部分学者把农业保险监管的对象局限于对保险机构的监督和管理，大部分学者认为农业保险监管的对象应囊括政府、保险机构、投保农户。农业保险监管人应取狭义的理解而其监管对象应不局限于保险机构。理由在于，农业保险是一项政策性、专业性、技术性都十分强的工作，相比一般商业保险的监管，农业保险的监管不仅特殊，而且还很复杂，这就在一定程度上提高了对农业保险监管人的要求。除此之外，农业保险涉及农业、气象、水利、畜牧、财税等多个领域，需要开展跨部门的合作，因此由专门的政府行政监管机构作为农业保险监管人才能更好地开展农业保险监管工作。农业保险工作不是由农业保险人一方独立开展的，它要求政府、农业保险人、参保农业生产者和农业保险中介人多方参与、共同完成，那么农业保险监管对象自然涵盖了以上农业保险工作的所有参与者。

基于上述分析，我们可以给农业保险监管下一个更确切的定义：所谓农业保险监管，是一个国家或地区专门的行政性农业保险监管机构依照法定权限和程序，对政府和农业保险市场主体及其行为所进行的全方位监督和管理的总称。

（三）农业保险监管的外延

按不同标准，可对农业保险监管进行不同分类。

1.依监管模式的不同分类

一般来讲，可以将农业保险监管分为两部分，即单独监管和联合监管。其中，单独监管是指由某一个职能机构对农业保险进行监督和管理。美国的农业保险监管即是单独监管模式的典型。1996年成立的风险管理局是美国农业农村部下属的一个内设机构，它承担着美国农业保险的监管职责。联合监管也称多部门监管，顾名思义，它是指两个以上（含）职能部门共同承担农业保险的监管职责。采用此模式的代表性国家有日本和西班牙。日本的农业保险监管工作由农林水产省经营局下的农业保险科和地方政府两个部门共同完成。西班牙是最典型的多部门联合监管农业保险的国家，经济与财政司、农业部农业保险局、农业再保险公司和农业保险总公司这四个部门共同监管农业保险，各自承担不同的职责。

2. 依监管方式的不同分类

一般来讲，可以将农业保险监管分为形式监管和实体监管。形式监管又称规范监管，是指国家通过立法明确规定农业保险经营的重大事项，并从形式上审查农业保险公司的遵守情况。实体监管也称为许可方式的监管，它比形式监管要更加严格，采用这种方式进行农业保险监管的国家通过完备的农业保险立法，采取从设立、经营直至清算的全方位、全过程的监督和管理保险方式。

（四）农业保险监管的法律特征

农业保险监管与一般商业保险监管相比较，既有共性，也有个性。概括地说，农业保险监管具有以下法律特征。

1. 监管目标的特定性

不论是农业保险监管还是商业保险监管，都有一个共同的监管目标——保护投保人的合法权益，这是保险监管的一般目标。但农业保险的政策性决定了对它的监管还具有一般商业保险监管所不具有的特定目标。为保证农业保险监管目标的合理性，各农业保险举办国或地区都会根据各自经济社会发展需要、农业保险发展状况、保险市场成熟程度、可供借鉴的国际经验等来确定自己的监管目标。例如，经过了几十年的发展，美国的农作物保险的监管制度已经十分完善，农业风险管理局将其对农作物保险的监管目标设定为继续对农作物保险体制加以完善，并维护农业保险的市场秩序，从而更好地实现农业生产的可持续发展。尽管我国的农业保险起步较晚，但已发展为全球第二大市场，随着市场规模的持续扩大（表现为试点范围不断拓展、经营机构日益多元化、参保率大幅提升和保费收入迅猛增长等），农业保险监管机构必须适时调整其监管目标，即将监管目标由现在的规范农业保险经营机构市场行为、减少农业生产者因灾损失、稳定农业生产，逐步调整为维护农业保险市场秩序，促进农业生产可持续发展，并增加农业生产者收入和提高农业生产者福利。

2. 监管机构的专门性

农业保险和商业性保险的一个重要区别在于，前者主要是非营利性的，而后者是追求盈利的。经营主体目标的差异决定了监管部门监管理念的差异。对于商业性保险而言，监管部门要在保险公司追求盈利和保障投保人以及被保险人利益之间实现动态平衡，兼顾二者的利益。而对于农业保险而言，促进农业保险作为政府的政策工具，实现其政策目标，是监管部门最根本的任务，这就要求农业保险监管机构一般应与商业保险监管机构相区分，由专门的监管机构对农业保险业进行监督管理。例如，美国的商业保险由全美保险监督管理协会及各州的保险监督机构进行监管，而农业保险则由专门成立的机构——隶属于农业农村部的风险管理局来履行监管职责。日本的商业保险监管机构为金融监督厅，而农业保险的监管机构则为农林水产经营局。

3. 监管对象的多元性

农业保险监管的对象不应局限于各类农业保险人和农业保险中介人，还应包括政府以及参保农业生产者等。农业保险人是农业保险工作的重要主体，若缺乏对农业保险人的监管则其可能会出现对参保农业生产者进行欺诈等违规操作行为，这不仅会严重损害农业生产者的利益，而且还会极大地降低农业生产者对农业保险的信心，进而影响整个保险的健康发展。农业保险中介人在农业保险工作顺利开展中也起到不容小觑的作用，对农业保险中介人进行监管能使其充分发挥职能和作用，提高农业保险市场的运行效率，扩大农业保险市场规模。另外，各国开办农业保险的经验和教训证明了没有政府的扶持，单纯依照商业保险模式运作农业保险无法获得成功，所以非常有必要监督政府的扶持行为。将参保农业生产者列为监管对象则是由于农业保险经营机构与农户之间存在信息不对称，农业保险的风险性较高，一旦出现道德风险和逆选择行为，将可能在很大程度上损害保险公司的利益，进而在很大程度上减少农业保险的供给，从而危害农业保险市场的平衡和稳定。

4. 监管内容的广泛性

一般来讲，人们都是按照监管对象及其行为来确定保险监管的内容的。各类保险公司和保险中介人是商业保险的主要监管对象，保险公司和保险中介人的各种行为是主要的被监管内容，如审定保险公司的市场准入资格、监管保险公司的管理和市场行为、监管保险中介人及其行为、监管再保险公司及其业务经营、监管偿付能力等方面。

农业保险监管对象的范围比商业保险监管对象的范围要大，因此农业保险监管内容应比商业保险监管内容更宽泛、覆盖面更广。具体地说，农业保险监管内容主要包括：监管农业保险人和农业保险中介人及其行为；监管政府及其农业保险扶持行为（包括各类财税、巨灾风险基金支持）；监管参保农业生产者逆选择和道德风险；选择和确定农业保险的险种；制定主要保险险种条款和厘定保险费率等。

（五）农业保险的监管主体及职责

目前，由监管商业性保险的银保监会负责监督管理我国农业保险，但在监管的性质和内容等方面，政策性保险的监管与商业性保险的监管存在很大差异，特别是与商业保险业务管理相比，政策性农业保险业务管理更加复杂，涉及包括农业、金融、财政等在内的各个领域，需要各部门之间通力协作。除此之外，政策性农业保险补贴容易引起农户和保险经营主体的依赖性与道德风险，如果没有相关的监督管理机构，很难保证补贴资金的运作效率。

所以，根据现行的文件，尤其是 2013 年 3 月起施行的《农业保险条例》的规定，我国正致力于建立独立的政策性农业保险监督管理体系。由国务院保险监督管理机构、国务院财政部门、国务院农业、国务院林业、国务院民政等有关部门和各级人民政府，根据各自相应的职责，监督管理与政策性农业保险活动相关的工作，并建立农业保险信息共享机制，相互配合、相互支持，从而形成以银保监会为主体，多头共管的农业保险监督模式。

其中，银保监会一直承担监管政策性农业保险的工作，负责制定政策性农业保险规划及实施细则以及建立和推行政策性农业保险试点等活动。银保监会继续监管政策性农业保险，既保持了监管工作的连贯性，又保证了监管工作的专业性。相对于其他部门来讲，农业农村部更了解农业特质和农业风险，更有利于进行选择险种、制定费率等技术层面工作，大多发达国家均由农业部门负责监督和管理政策性农业保险，如美国、日本等国家。对于政策性农业保险的保费补贴、管理费补贴及巨灾准备金等财政扶持，则必须由财政部门负责监管。而考虑到我国不同省份之间经济发展水平、农业发展现状等差异，应由各省政府自行设计当地的农业保险发展模式。

（六）农业保险监管的对象与内容

农业保险监管的对象和内容是农业保险监管立法的重要内容。农业保险监管的对象主要有政府、农业保险人、参保农业生产者和农业保险中介人。监管内容因监管对象的不同而不同。

1. 农业保险监管的对象

（1）政府

由于政策性农业保险风险较大，受客观条件的制约比较严重，一般情况下经济效益并不明显，所以理性的政府更愿意把资金投向那些最容易在短期内获利的行业而不是投入政策性农业保险。而真正的政策扶持取决于政府对农业保险的优惠政策能否得到实施和如何得到实施，这就需要对政府行为实行监管。农业保险优惠政策的实施是自上而下的过程，也就是从中央到地方的过程，因此对政府行为的监管，实质上是对从中央政府到地方政府的行为的监管。中央政府对农业保险应给予财政补贴、税收减免、信贷支持以及提供再保险和巨灾风险基金支持等方面的政策优惠与资金支持，同时地方政府必须响应中央号召，扶持本地方农业保险的发展。监管机构应该在政策制度的框架内监督中央和地方政府的扶持行为，目的是督促政府将其确定给予农业保险支持政策常态化，即使当政府人员发生改变也不会影响农业保险支持政策的连贯性，使政府能够真真正正地发挥农业保险的扶持效用。另外，政府监管俘获理论认为，监管者是否真正做了它应做的越来越引起人们的怀疑。因此，农业保险监管机构本身以及相关政府工作人员也应列为监管对象。

（2）农业保险人

作为农业保险产品的生产者，农业保险人是农业保险监管的重点对象。监管的目的主要是为了激发其开展农业保险的主观能动性，并预防和制裁其违法违规行为。有的农业保险人利用"阴阳保单、阴阳发票"方式收取非法回扣或支付高额手续费，有的将已收到的保费不入账，利用虚挂应收保费或截留保费方式取得账外资金，用于高额返还，有的随意列支费用，有的欺骗农业生产者，无正当理由惜赔或滥赔。农业保险监管机构应对这些现象依法严惩，制裁农业保险人在农业保险市场上的不规范行为。其中，对经营政策性农业保险的农业原保险人和农业再保险人的监管是农业保险监管的重中之重。如果对政策性农业保险人的监管措施不当或者不得力，会加大政策性农业保险人违规操作的可能性，对参保农业生产者的利益造成损害，使参保农业生产者对政策性农业保险的信心大大丧失，影响整个政策性农业保险的长远发展。

（3）参保农业生产者

作为农业原保险合同的投保人或被保险人，参保农业生产者是最基础的农业保险法律关系主体之一，这种同农业原保险人一样重要的地位决定了其必然成为农业保险监管的重要对象之一。当然，对参保农业生产者的监管主要是为了减少农业保险运作中信息不对称现象发生。农业保险受地区差异、季节差异和保险标的自身状况的影响很大，而农业保险人很难详细了解这些信息，这就容易导致逆选择和道德风险问题，而农业保险监管机构对这些问题的监管能在一定程度上矫正这些现象，促进农业保险市场健康平稳发展。

（4）农业保险中介人

农业保险中介人在保险市场上占有独特的地位。农业保险中介人包括农业保险代理人、农业保险经纪人和农业保险公估人。农业保险中介人的出现有利于保险供给者和保险消费者之间形成平等独立关系，但如果不对农业保险中介人的行为实施有效监管，农业保险中介人就有可能出于自身利益或执业中的过错而损害保险当事人利益，农业保险当事人的合法权益就不能得到有效保障，所以为了保证农业保险中介服务的规范经营，并能够维护农业保险当事人的利益，发挥农业保险中介在农业保险市场中的独特作用，农业保险监管部门必须对农业保险中介人的经营行为实施有效监管。

2. 农业保险监管的内容

（1）对政府的监管内容

对政府的监管主要是指监管政府的各种农业保险政策扶持行为。之所以要对政府政策扶持行为进行监管，是为了确保政府对政策性农业保险的政策支持在一定时期内保持常态，防止政府随意更改政策扶持行为，并有利于农业保险监管机构确定长期的政策目标。毋庸置疑，对政府的监管还必须涉及对政府单独提供的各项资金的筹集、管理、使用等方面，使政府的经济支持成为政策扶持的核心并真正得到贯彻。

（2）对农业保险人的监管内容

相对于对政府的监管而言，对农业保险人的监管更具专业性。此类监管涵盖农业保险人设立和运营的各个环节。首先，各类农业保险人及其分支机构的设立必须经农业保险监管机构审批，取得农业保险业务经营许可。其次，在农业保险人运营过程中，农业保险监管机构有权对其执行法律和协议的情况以及偿付能力等进行监管。最后，特别要强调对事关农业保险经营稳定性和被保险人利益保护的农业保险人偿付能力的监管。众所周知，农业自然风险的系统性风险特征突出，一次大的农业自然灾害就可能严重影响甚至透支农业保险人的偿付能力。

（3）对参保农业生产者的监管内容

此类监管主要集中在对农业生产者的逆选择和道德风险的监管上。对逆选择的监管措施有：提高低风险客户的数量，可通过强制保险的方法规定某些险种必须投保，或推出各种优惠政策，提高低风险客户的投保率；应该积极对保单进行审查，建立风险分类和测算机制，分类处理不同风险的客户区，避免逆选择行为发生。对道德风险的监管可分为问题预防、问题检测和问题解决三个层次。首先，人们可通过合理设计保单条款，限制客户投保后的不道德行为，激励其遵守道德，从而更好地预防道德风险的发生；其次，应建立科学合理的测评体系，及时检测可能出现的道德风险问题；最后，对于已出现的道德风险问题，需根据保险条款，用法律手段来制裁客户的道德风险行为。

（4）对农业保险中介人的监管内容

对农业保险中介人的监管主要包括以下两个方面。

一是对保险中介机构的市场准入与退出监管。监管机构应认真研究各地的农业经济发展水平、农民收入和保险需求状况，合理设置保险中介机构的准入和退出门槛。

二是对保险中介机构业务经营活动的监管，主要包括经营区域的监管、业务范围的监管、营业保证金监管、执业行为监管、财务稽核监管。

（七）农业保险合同和业务的监管

1. 农业保险合同的监管

农业保险合同是指农业生产者以其种植的农作物或者养殖的畜禽等为保险标的，向保险人支付保险费，并同保险人约定，在被保险农作物因保险责任范围内原因歉收或者毁损时，或者被保险畜禽等因保险责任范围内的原因发生死亡时，由保险人给付保险赔偿金的保险合同。针对农业保险合同的监管如下所示。

（1）投保主体

根据相关规定，农业保险可以由农民、农业生产经营组织自行投保，也可以由农业生产经营组织、村民委员会等单位组织农民投保。由农业生产经营组织、村民委员会等单位组织农民投保的，保险机构应当在编制农业保险合同时，制定投保清单，并详细列明被保险人的投保信息，由被保险人签字确认，保险机构应公示承保情况。

（2）保险合同条款与费率

保险公司编制的农业保险条款和保险费率，应该由总公司在经营使用后十个工作日内报银保监会备案。保险公司应分省逐一报备农业保险条款和费率。对保险条款和费率，保险公司应当承担相应的责任。

保险公司应该根据"公开、公平、合理"的原则编制农业保险条款和费率。农业保险条款和费率应符合的要求有：①依法合规，不会损害农户的合法权益；②费率合理，不仅不会损害保险公司的偿付能力，而且也不会妨碍市场的公平竞争。

2. 农业保险业务的监管

保监会要求保险机构要进一步完善承保、核保、查勘、定损和理赔流程，坚持做到惠农政策公开、承保情况公开、理赔结果公开、服务标准公开、监管要求公开，以及承保到户、定损到户、理赔到户的"五公开、三到户"。

（1）承保业务的监管

开办农业保险业务的公司要坚持农业保险承保到户的原则。对于生产分散的农户，可借助村或乡（镇）、县（市）等各级政府部门和有关单位，引导农户根据自愿的原则集体投保，不得强制投保。对于大规模集约化生产的农牧作物和林木，应该核定相关承包经营协议或租赁经营协议。另外，应该在相关村委会、农业专业合作社等场所将集体投保业务的投保信息公示一周以上。严禁误导或以不正当手段强迫农户投保，严禁以违规支付或允诺支付高额手续费等方式开展恶性价格竞争，严禁以批单退费等形式变相套取资金。

（2）定损、理赔业务的监管

保险机构应严格报案查勘管理，提高基础数据质量。保险机构接到发生保险事故的通知后，应及时进行现场查勘，与被保险人核定保险标的的受损情况，并确保查勘科学高效，服务规范到位。种植业保险、森林保险应根据灾害造成的损失范围组织整体性查勘，一次灾害造成的损失范围超过一个行政村的，原则上应查勘到行政村一级。由农业生产经营组织、村民委员会等单位组织农民投保的，保险机构应该公示查勘定损结果。

保险机构应提高定损规范程度，确保结果的客观公正。根据农业保险合同的约定，可以采取抽样的方式核定保险标的的损失程度。采用抽样方式核定损失程度的，应该符合有关部门规定的抽样技术规范。保险公司省级（含省级，下同）以上机构应事先制定抽样定损的规则，对抽样方式、方法、组织程序等进行规范。

保险机构应规范赔款业务管理，确保及时足额到户；应实施集体投保理赔结果公示制度，农业生产经营组织、村民委员会等单位组织农民投保的，应该由被保险人签字确认理赔清单，保险机构应该公示理赔结果。在与被保险人达成赔偿协议后的十日内，应该向被保险人支付应赔偿的保险金。采取集体投保方式的，保险公司应在取得经被保险人签字认可的分户理算清单后，在十日内支付赔款。农业保险合同约定赔偿保险金期限的，保险机构应按约定履行赔偿保险金的义务。

二、农业保险监管的相关理论

在市场经济中，保险市场也存在失灵现象。因此，保险业的政府监管是十分必要的。农业保险监管大致有以下几种理论。

（一）公共利益理论

在公共利益理论看来，农业保险这一行业担负着公众的利益。针对垄断、不完全信息和外部性所带来的市场失灵问题，人们呼唤政府及法律法规替代市场经济激励部分。在此背景下，出现了规制的"公共利益论"。

在该理论看来，监管的目的在于为公共利益提供服务，是为了使人们脱离不公平和无效率的市场，监管的目标在于寻求修正源于市场失效或某些政治危机的资源误配，包括防止和纠正由于市场失灵损害消费者利益的情况，以更好地实现经济效率最大化，进而再分配社会福利。它强调了消费者的利益，如当技术造成自然垄断或存在外部性时，就无法实现社会福利的最大化，这时应该由政府出面进行干预，所以将监管看作是一种"挽救行为"，它的主要目的在于消除或降低与市场失灵有关的成本。

一般来讲，监管者可以反映公众的利益需求，并且是能够修正市场实践无效或不公平问题的独立仲裁人。缺乏明确的机制是公共利益论存在的另一问题。相关研究表明，规制往往无法纠正这些市场失灵现象，所以人们认为规制是失败的。尽管总体来讲，公共利益论还不健全，但决不能完全废弃。

（二）公共选择理论

在公共选择理论看来，监管是在相互斗争的社会集团之间实行财富再分配的政治经济体系的一部分。该监管理论建立在这一事实基础之上，即不管监管是什么样的都会进行资源的再分配。而在这一分配过程中，贫者会越来越贫，富者会越来越富。纳税人和受益人会关注所有被提出的监管方案，他们会通过政治或经济的渠道提出他们反对或赞成的意见。

第二节　我国农业保险监管的特殊性与金融属性

一、农业保险监管主体的特殊性

（一）保监部门只是农业保险业务的监管者

各部门在农业保险推行中的职责并没有在《农业保险条例》中进行分列，而是在第四条中概括了各部门的职责和监管，该条规定，"国务院保险监督管理机构对农业保险业务实施监督管理。国务院财政、农业、林业、发展改革、税务、民政等有关部门按照各自的职责，负责农业保险推进、管理的相关工作。"从字面上来看，包括商业保险公司、合作保险组织和其他协会保险组织在内的保险机构所从事的农业保险业务都应该是由银保监会监管的，而其他各有关部门只是"按照各自的职责，负责农业保险推进、管理的相关工作"。监管农业保险的相关业务，主要是指监管保险人和投保人（被保险人）之间的保险合同业务，而"推进"和"管理"的相关工作中，事实上包含了一部分的监管责任。之所以如此，原因是《农业保险条例》是依据中国国情设计的，政府介入农业保险的层面和方式十分独特。但是，谁来监管这一问题还存在模糊之处。

（二）财政部门有一定的监管责任

事实上，《农业保险条例》已经考虑了其中一些问题，因此在授权保监部门监管农业保险业务的同时，《农业保险条例》也将一定的监管权力授权给了财政部门。例如，《农业保险条例》第三十条规定："违反本条例第二十三条规定，骗取保险费补贴的，由财政部门根据《财政违法行为处罚处分条例》的有关规定予以处理；构成犯罪的，依法追究刑事责任。"

二、农业保险的金融属性

保险监管的理由有多种，但一般不外乎：保险商品是一种特殊的诺成性合同，保险交易从签约到合同履行的过程比较长，加上保险一般又是格式合同，技术性和专业性比较强，而在保险期间保险标的又掌握在被保险人那里，对保险交易双方来说，信息严重不对称，相对来说对被保险人更为不利一些。如果没有健全和有效的监管（如进场、出场的要求，保险条款和费率的公平合理性审查等），被保险人的利益容易受到侵害。另外，保险市场的交易也会因为不正当竞争而使其公平性受到挑战，需要有监管者监督市场主体进行合法平等的交易。从微观意义上来说，投资人的利益也应当受到保护，而保险公司和其他形式的组织的治理结构是否合理有效也需要公正的第三方主持公道。由此构成了保险监管的所谓"三支柱"，即市场行为监管、保险机构偿付能力监管和公司治理结构监管。

对于农业保险特别是政策性农业保险来说，上述理由都是成立的。除此之外还有一些特殊的理由，那就是政府介入，无论是美国、日本还是印度，农业保险都有政府介入，一般都由政府提供保险费补贴、管理费补贴或者再保险合约，甚至是政府亲自操刀经营，这使得农业保险市场活动变得不一般，商业保险市场活动更加复杂。监管者不仅要向消费者（投保农民）和投资人（股东们）负责，还要向政府负责，向全体老百姓负责，既要保证这个农业保险制度能可持续运转，还要保证政府花在农业保险上的钱是合理的、公平的、有效率的。

三、农业保险监管的中国特色

为了论述方便和更加有针对性，我们有必要结合中国的实际做些解释。农业保险本来是商业财产保险的一个类别，但是现在全世界大部分国家举办的政策性农业保险已经在很大意义上与商业性保险有区别。在商业性农业保险的界定下，农业保险也有与一般财产保险不同的鲜明特点，这种特点主要是其保险标的巨大的生命性和经营风险，一般情况下难以满足"小概率事件"的要求，从而会产生较高的、投保人不易接受的损失率和费率。

在我国的政策性农业保险中，尽管政府不是保险合同的签约人，但却是签订保险合同的"第一推动力"：既要参与厘定价格，还要在发生灾害损失后协助保险人进行损失查勘、定损和理赔工作。这种特点与我国分散的小农经营的现状有关，不然对大部分小规模而且主要劳动力都进城打工的农户来说，没有几家农户有可能与保险机构达成保险交易。目前，一般只有"种田大户"和国有农场是直接同保险机构签订保险合同。据统计，全国种植规模超过 100 亩的农户拥有的耕地只占全国耕地的六分之一。这表明，以播种面积 24 亿亩计，大约 20 亿亩播种面积的农作物如果要购买保险，必须有相关政府部门或者涉农机构协助，单靠保险机构或专业中介机构是不可能的。

而在任何国家的商业保险中，除了监管部门的监管，完全不需要政府直接参与市场交易活动。在政策性农业保险制度中，其他国家的政府也不参与农业保险的中观和微观层面的活动。经营主体（商业保险公司或者保险合作社）都是与客户（投保农民）直接交易，或者通过代理人交易。那里的大农场农业经营的条件提供了这种直接交易的基本的和可行的条件。

我国《农业保险条例》将"政府引导、市场运作、自主自愿、协同推进"作为农业保险的经营原则，体现了政府在政策性农业保险制度中所扮演的重要角色。"政府引导"体现在政府给投保农户的价格补贴，政府通过价格补贴的方式增加农民的收入，并激励农户购买农业保险产品；"协同推进"表明农业保险需要由许多相关政府部门从多个层面协助业务推进，达成农业保险交易，促进农业保险特别是政策性农业保险的发展。

鉴于农业保险尤其是政策性农业保险的上述特征，监管农业保险必须适应这种特征。

第一，保险监管工作的对象除了保险人和投保人之外，还有政府部门。针对保险人和投保人，仍然会涉及保险公司的市场行为、偿付能力和保险公司治理结构三个方面的监管，当然这三个方面的内容并不是与商业保险完全相同的，而是需要根据农业保险不同于商业保险的合同特点和经营特点，做出必要的调整，其中政府部门监管农业保险活动中的行为和活动将是一个陌生和极具挑战性的课题。

第二，在中国农业保险市场上，另外一个不同于美国、加拿大等国的特殊监管课题是：监管农业保险中的、做农业保险业务的非营利性社团法人和合作保险组织。包括中国渔业互保协会在内的一批渔业互保组织都将成为做农业保险业务的合法的保险组织，正式实施了《农业保险条例》之后，它们都可以合法从事农业保险业务。而且有关法律及中共中央和国务院的一些重要文件也一直对农业保险的合作互助组织持支持态度。然而，对于做农业保险业务的社团法人和合作保险组织，在缺乏法律依据和监管规则的条件下，对其中一些组织的监管有待进一步明确。

第三，大量的农业保险交易活动以及签订保险合同之后的防灾减损活动、查勘理赔活动等都是在高度分散的农村最基层，而保险监管机关都远在省级和中央政府所在地，加之监管力量的配备不足，就很难保证监管的可及性和有效性。

第四，因为严重的信息不对称，不少地区的农民事实上处于"被保险"或"假保险"状态，这种严重违法违规行为事实上难以受到有效监管。对农业保险制度的健康实施构成了挑战。

第三节　我国农业保险监管制度存在的问题

一、对政策性农业保险实行多头监管

　　财政部监管农业保险补贴资金的分配和使用，银保监会监管商业保险公司的业务活动，农业部门协助农业保险机构展业、定损和理赔，也协助监管农业保险业务活动。有些合作组织和社团法人（如中国渔业互保协会以及福建、浙江等省建立的本省渔业互保协会等）本来归民政部门管理，但实际上民政部门监管不了它们或无力监管，并且各部门开展农业保险外部监管工作时法律依据不同，财政部门主要依据《会计法》《财政违法行为处罚处分条例》《金融企业财务规则》进行查处，审计部门主要依据《审计法》《审计法实施条例》进行查处，监察部门主要依据《行政监察法》进行监察，保险监管部门开展监管工作时的法律依据是《保险法》。

　　上述既包括全国人大颁布的法律，也包括国务院发布的行政法规，甚至还包含部门规章，法律效力不同，至今没有一部专门针对农业保险监管的法律法规，这直接影响了农业保险外部监管的权威性与针对性。由此可见，多头监管不仅浪费监管资源，徒增协调成本，还会留下许多监管真空或漏洞，造成监管的不公正。

二、对农业保险主要实行商业性监管

　　我国目前的农业保险业务主要是由中国保监会来推动和监管的。其历史渊源在于农业保险的三轮试验基本上都是在商业保险的框架下经营农业保险业务，而银保监会正是商业保险的主要监管部门，由银保监会来推动、监督和管理农业保险自然是情理之中的事。近年来，银保监会要求地方银保监局在推进落实政策性农业保险各项政策的同时，加强对政策性农业保险业务的监管工作。

　　但是，农业保险与商业保险的性质不同，由同一部门来监管两类性质不同的业务，监管目标和理念的二重性将可能引发政策性农业保险监管和商业性保险监管之间的冲突。和一般的商业性保险相比，政策性农业保险更为复杂，这也对其监管提出了更高的要求。政策性农业保险的监管工作难度较大，监管范围较广，涉及金融、财政、税务、投资、气象等领域，这就需要农业保险监管机构及时与其他各个相关部门进行沟通和合作。

　　另外，银保监会对农业保险行为的监管存在一定体制上的障碍，银保监会只在省级设有机构，还无法完全涉及市级以下的保险市场，因此时常出现监管跟不上业务发展步伐的情况，从而导致基层保险公司无序竞争，制约了农业保险业务的开办。为克服上述两个方面的弊端，构建独立而专门的农业保险行政监管机构是加强农业保险监管的重中之重，它将直接大幅提高农业保险监管的质量。

三、未建立专门的监管机构

我国农业保险的政策性非常强，农业保险的管理涉及部门较多也较分散。从农业保险的政策制定过程来看，由于农业保险这一政策支农惠农，所以需要中央农村工作领导小组办公室等部门通过有关的文件来发布这项政策。从农业保险的内容来看，农业保险仍是一种保险，需要银保监会负责监督管理农业保险业务。从农业保险覆盖的行业来看，农业、林业、气象等有关部门也是其推进和管理的主体。虽然各部门都在尽力做好各自所辖的工作，但目前我国农业保险面临的一个突出问题仍是怎样进行统筹协调。

目前，我国农业保险的监管还没有专门的监管机构，也缺乏牵头的机构，致使农业保险监管体系呈现条块分割、多头监管、各自为政的格局。根据过去的经验，任何一项跨部门的政策决策，都需要相关部委间很高的协调成本，各部委的政策也难免存在相互摩擦和掣肘之处，如果各部门之间的统筹协调机制没有建立，将不利于农业保险外部监管整体效能的有效提升。

第四节　我国农业保险监管制度的完善建议

一、明晰监管目标

保险监管一般有三个目标，一是保护消费者利益，避免在主要是格式合同的保险交易中的投保方因信息不对称而利益受损；二是维护保险市场公平的竞争秩序，保证市场效率；三是保护投资者的利益不受伤害。

为完成这三个目标，具体措施有以下几项。

（一）保障政策性农业保险可持续经营

作为现代农业风险管理的一种工具，政策性农业保险既是国家金融政策的组成部分，更是国家农业政策的组成部分，保障我国农业的可持续发展是其宏观目标所在，以便更好地保障国家的粮食安全。

所以，政策性农业保险不是可有可无、可多可少、可经营可不经营的普通保险业务，政策性农业保险的监管要着眼于国家金融改革和农业发展大局，保证和促进这类业务的可持续和稳定发展，不能由于监管不力而中断或萎缩政策性农业保险的经营。

（二）维护市场公平交易

尽管政策性农业保险与商业性保险有很大的不同，然而在这个市场上经营主体众多的情况下，也必须通过有效监管来创造良好的交易环境，从而维护市场的公平性。要确保对农业保险活动的参与者——投保人、保险人和政府三方都要公平，既尊重投保人的选择，保证合同的公平合理，还要保证合同的履行，同时要保证经营者的正当经营权益，也要不侵蚀政府的财政补贴资金，资金使用正当合理和公开透明。所以，监管部门要监管市场各有关方，尤其是确保依法严格执行科学合理的定价原则、行之有效的承保及理赔规则。

（三）保护投保人和被保险农民利益

政策性农业保险给农民提供了稳定生产和生活的风险管理工具，农民是政策性农业保险最直接的受益者。然而，农民在农业保险的交易中作为投保人和被保险人，由于相对分散，关于风险和农业保险方面的知识又十分匮乏，在农业保险交易中处于弱势地位，所以他们在保险交易中的利益很容易受到侵害，如一些地方发生的协议赔付、封顶赔付、欺骗投保人和被保险人等问题，在很大程度上损害了被保险人的利益，而投保农民却浑然不知，即便意识到有问题存在，也不知道找谁评理和讨回公道。实际上，如果监管不到位，投保农民非常无助。这就需要保监部门在农业保险活动中尤其是要确保不侵害投保农户的正当利益。

（四）保证财政资金的科学有效使用

政策性农业保险有财政资金给予农业保险价格补贴，这种价格补贴在保险费里占很大比例（通常常有 80% 左右）。由于可以无偿使用这笔财政资金，加上我国农业保险运作体制的特殊性，这些用来进行价格补贴的财政资金就容易出现"跑冒滴漏"的问题，侵蚀各个环节，从而极大地降低财政资金的使用效率，还会滋生其他问题，如腐败。监管部门有责任和义务加强这方面的监管制度建设，并有足够的监管力量和操作性强的监管方式，监管价格补贴资金，保证相关部门和企业不会滥用财政资金，使其在政策性农业保险中的激励、引导和促进作用得到最大程度发挥。

二、完善监管体制

通过农业保险监管实现上述目标才能促进农业保险良性和健康发展。

（一）加速理顺农业保险监管体制

目前的农业保险监管体制是多部门分工协作监管体制，银保监会、财政部、农业农村部等部门各司其职，虽然也有协作但是以银保监会进行保险业务监管为主，其他相关部门只是结合自己的业务范围相配合。这种体制的优点是各部门熟悉所管辖的业务，监管起来有便利之处；缺点是多部门协调不容易，有的行政部门不那么熟悉保险业务，管理和监管可能并不能得心应手，还可能出现监管真空。监管活动各自为政也显然降低了监管效率。例如，许多地方的农业保险实行招标制，确定某类业务的承保人或主承保人，财政主管部门、农业主管部门、林业主管部门、畜牧主管部门等都可以单独进行招标，其规则、方式、监督制度都不一样，规则也不同，这就会带来一些问题。某省财政部门委托一家中介机构行使农业保险经营主体招标，授予该公司市场分配主导权，该中介机构根据投标公司支付给中介公司佣金多寡分配给各公司市场份额。这种显然是不符合市场规范的行为，其他部门还无力干涉。因此，有必要对现行监管体制加以调整和完善，使其既适应农业保险的制度和业务特点，也能更加精干和富有效率。

（二）不断完善农业保险监管法规

农业保险监管应依据《农业保险条例》，但目前该条例无论是对于监管体制还是具体监管规则的规定，有的比较模糊，有的还没有具体规定。该条例除了具体规定银保监会负责监管保险业务，财政部负责对财政资金使用的违规违法活动进行查处外，其他部门包括"国务院财政、农业、林业、发展改革、税务、民政等有关部门按照各自的职责，负责农业保险推进、管理的相关工作"。虽然立法者的这种表述可能是有意进行"模糊处理"，但这样会留下诸多麻烦。比如该条例提及的"推进和管理"与监管有没有区别，区别是什么，从实践看来没有人能正确回答。在这种情况下，这诸多部门负责不负责监管，如果负责，监管什么，如果不负责，牵扯到的领域由谁来监管？这显然给农业保险的监管执法带来困难和某些混乱。

还有，对于参与农业保险业务活动的地方各级政府，特别是县乡村政府在农业保险活动中的作为，应当由谁监管，也是实践提出来的严肃课题。在有的地方直接由检察机关介入监管，但是检察机关如果没有相关法律法规授权，不可能经常性地对各级政府及其工作人员进行监管。如果经常性的监管由某个部门负责，就需要在法律法规中加以明确。在美国，这个诉讼责任是由"风险管理局"执行的，并由保险监督官协会和州政府指定部门配合实施。

（三）强化专业监管力量

保险监管需要监管人员来进行。目前的情况是不论保险监管机关还是相关政府部门都缺乏监管人员，使监管难以有效实施。对于银保监会来说，目前监管资源配置有两个问题：一是监管人员严重不足；二是监管机关和力量的空间配置与农业保险业务不相匹配，监管机关在上面，业务在远离城市的最基层农村，相距甚远。如果说这种空间配置在那些发达国家还情有可原的话，在我们小农经营占主导的现实中国，则无论如何无法适应。而财政部门、农业部门、林业部门等实际上都根据《农业保险条例》的规定，管理着大量的农业保险业务，但是因为没有编制，无法设立相应管理机构，监管责任在很大程度上难以到位。

三、加强法规制度建设

国务院发布《农业保险条例》，使《农业法》和《保险法》农业保险领域的法律空白得到了有效填补，在很大程度上有利于我国农业保险事业的健康发展。但是，《农业保险条例》只是对农业保险的原则性安排制定了制度框架和统一的"游戏规则"，也没有细化指引各职能部门的具体职责，因此有关部门应加快制定和出台相关的配套细则；通过制定相关细则，制止和改正那些农业保险理赔过程中存在的诸如"封顶赔"等损害投保农民利益，与农业保险发展方向不符的违规行为，并严肃处理那些违反相关规定的企业。与此同时，还要创造条件及时跟进《农业保险法》。作为行政法规的《农业保险条例》，一方面内容过于原则性，可操作性较弱，不利于规范实践中的操作行为；另一方面级别较低，约束力较弱。因此，要以保护参保农民的合法权益为立法宗旨，适时积极推动《农业保险法》早日出台，并辅以必要的司法解释。

四、建立高效率的农业保险监管协调机制

以农业保险为国家的支农惠农政策工具来促进其政策目标的实现是农业保险监管最根本的目标，一般来讲，在监管的性质和监管的内容方面，农业保险的监管在很大程度上不同于一般的商业保险，如果仍由银保监会来监管两类不同性质的保险，采用相同的监管目标和监管理念则会在管理上造成政策性农业

保险和商业性保险业务之间的冲突。另外，与商业保险业务管理相比，农业保险业务管理更加复杂，农业保险制度体系的运行涉及保险监督管理、国务院财政、农业、税务、民政等有关部门，多且分散，农业保险监管需要银保监会、财政部、农业农村部、审计署、国家监察委员会等职能部门的参与。

虽然各部门都在尽全力做好本部门所辖工作，但因为缺乏牵头机构，导致各部门很难进行统筹协调工作。所以，要构建我国农业保险的监管机制，必须要能够协调和整合各部门的监管工作，包括保险部门的监管、农业部门的监管、金融部门的监管及财政部门的监管，要充分整合上述各职能监管资源，并优化和调节监管结构，建立各部门有关农业保险信息的共享机制，形成工作合力，以期最大程度发挥政府监管效能，从而充分保障农业保险的持续稳定运作。

五、改进农业保险监管内容和方式

（一）构建以偿付能力为核心的农业保险经营监管制度

加强对农业保险偿付能力的监管，即要求各保险公司做到科学化核保核赔，细化承保理赔要求，保证具备充足的偿付能力。加强农业保险核保，即要求各保险公司综合审查参保农户的各个方面，核实投保农户与投保标的的一致性，核实土地种植面积与农户投保面积是否一致。

要加强农业保险核赔就要做到以下两点。

首先要建立定损工作的复核机制，提高定损精确度。各保险公司要通过科学的手段，准确核定保险标的的损失数量，并科学核定保险标的的损失程度，发生保险事故时应该按照实际情况，选择被保险人认可的抽样方式核定损失，并且要求建立定损工作的分级复核机制，对分级复核设定合理的比例，复核发现问题的，应由相关机构及时调整定损结果，由被保险人签字确认。

其次要注重理赔时效，严格按时支付赔款。对于保险责任明确的小额赔付案件，尤其是定额保单业务，建立快速理赔通道，对于损失金额较高、社会影响较大，因客观原因一时很难确定最终赔款金额的案件，应按规定先按照已有证明和资料能够确定的数额预付赔款，确保满足广大参保农民及时恢复生产的需要。

（二）完善对农业保险微观运作过程中的监管

1. 加强对农业保险合同条款的监管

确保保险条款是否法律要素齐全，语言通俗易懂，表述简洁明了，使农业保险利益相关者尤其是参保农民能够从非专业的角度准确无误地理解农业保险条款。除此之外，农业保险监管部门还可以按照每年农业保险的发展情况，并结合农业生产形势、市场行情等因素，适时调整并修正条款。

2. 坚持按不盈利不亏损的原则审批农业保险费率

农业保险作为一种农业风险管理工具和国家农业支持保护体系的组成部分，面对的是低收入的农民和利益低下的农业，建议借鉴交强险的性质定位方法，遵循不盈利不亏损的经营原则。农业保险监管部门在审核费率时，既要注重费率的厘定是建立在科学有效的数据分析基础之上的，也要充分考虑各级财政补贴的风险责任和农民的实际需求。

（三）改进监管手段

一方面，加大农业保险监管人才储备。我国农业保险领域专业人才奇缺，农业保险监管人才更是稀缺，建议加强专业培训，经常开展多层次、多渠道的业务培训，有针对性地培养专业型、复合型的农业保险监管人才。

另一方面，查处力度要加强，改进农业保险监管的方式手段，采取现场监管和非现场监管有效结合的方式。其中，现场监管以市场行为监管为主，非现场监管以偿付能力监管为主，通过建立风险预警机制，有效识别、评价和控制风险，早发现、早防范农业保险市场的苗头性问题和风险隐患，从而有效增强农业保险监管的主动性和前瞻性。

六、充分发挥保险行业自律组织的约束机制

要想充分发挥保险行业自律组织的约束机制，人们需要在以下四个方面进行努力。

首先，建立健全行业自律的农险规制。行业自律组织要充分考量自身的职能作用，使自律和协调作用得到真正发挥，出台参保农民满意度标准及评价评比制度，从而更好地约束保险公司的经营活动。

其次，加强信息管理与信息披露工作。行业自律组织应做好协调规划工作，整理各保险公司对参保农民的服务标准，并及时披露各保险公司对参保农民的服务承诺情况，在官网上公布服务标准、理赔时效、投诉电话等，从而为广大投保农民的查询和选择提供便利。

再次，开通多条投诉通道，认真分析和接纳社会各界提供的反馈。行业自律组织应主动向社会公开投诉方式、明示投诉流程、明确完成时限，并确保能

够在规定的时间标准内得到及时反馈，让广大参保农民可以顺畅地反映问题，并合理维护自身的合法权益。

最后，积极推动行业的诚信建设。行业自律组织要定期和不定期地开展参保农民的满意测评活动，及时向社会各界公布测评结果，并加强考察考评各保险公司的诚信情况，督促各保险公司按照考评情况进行及时整改，从而在行业内营造诚信的经营氛围。

第七章　农业巨灾风险应对

我国是一个农业大国，农业是国民经济的基础，亦是关系国计民生的重要产业之一。随着保险市场日益成熟，社会各界对农业保险，特别是农业巨灾保险的呼声越来越强烈。本章主要分为农业巨灾风险概述、农业保险巨灾的风险分散机制、农业保险巨灾风险的法律制度建设三部分。

第一节　农业巨灾风险概述

一、农业巨灾的概述

（一）巨灾风险和农业巨灾风险

从广义上看，风险泛指某一时间发生的事件的可能性以及发生后果的各种组合，既包含发生与否也包含发生后的各种可能情况。保险理论风险仅指损失的不确定性，包括发生与否的不确定、发生时间的不确定和导致结果的不确定。由于对风险的理解和认识程度不同、研究的角度不同，即便在保险领域里，学术界对风险的内涵也没有统一的定义，但以下三种观点较为常见。

①风险指相对结果而言的不确定性。威廉姆斯认为风险是在限定条件下（时间、地点）结果的不确定性。马奇、夏皮罗、布莱米和马可维兹等人则认为风险是放置到一定的领域里的限定结果，如收益分布的不确定性、证券资产的各种可能收益率的变动等。

②风险是相对损失而言的不确定性。罗森布与克莱恩均从损失的角度认为风险即损失的不确定性；段开龄认为风险是指可能发生损失的损害程度的大小。

③根据风险的形成机理界定风险时，人们认为风险是要素相互作用的结果。一般人们认为风险要素主要有三个，即风险因素、风险事件和风险结果，其中

风险因素为必要条件，风险事件为充分条件。

巨灾风险出自希腊文 Katasrtophe，即"异常的灾祸"，专指出现概率低但造成损失惨重的重大灾害，如风潮瀑、洪涝、泥石流、干旱等，它们通常具有突发性、无法预料、无法避免而且危害特别严重的特点。

综上所述，我们不妨这样理解巨灾风险，即在一定时间内巨灾事件造成的利益损失的不确定性。结合前文对农业巨灾的界定，人们认为农业巨灾风险指小概率且一次损失大于预期或累计损失超过承受客体承受能力的事件。具体地说，农业巨灾风险指一次性灾害累计损失超过承灾农户总资产的 50%、农业保险公司赔付能力的 30%、政府 GDP 的 1% 的农业灾害性事故。

（二）巨灾标准历史研究

尽管国内外很早就开展了巨灾的研究，但对巨灾至今还没有统一的度量标准，各个国家在不同历史时期，甚至同一时期，不同的学者和保险公司对巨灾度量和数量刻画都存在很大的差异。

1. 定性研究

（1）因果说

有学者提出巨灾是外部作用的结果，极端的更认为巨灾是上帝的行为，也是社会发展进程的必然结果，是社会发展进程中的回报，巨灾使人类遭受的经济与人员损失只是上帝行为的牺牲品。还有学者从结果角度提出，巨灾是指对不同区域产生影响，且在时空上交互作用导致重大损失的事件。

（2）综合说

有学者将巨灾视为各种因素，如地理、气候、人口以及经济等在演变过程中相互作用的结果，是对已形成的状态，如个人或企业的相对满意状态、社会制度和社会物质存在等产生负结果的事件。

还有学者将巨灾视为一次低概率、高损失的事件，不仅指经济损失也指人员损失，其对地区资源和社会经济过程产生制约作用，使贫穷国家被迫举债或减少储蓄进行灾后建设。他们将巨灾潜在的损失划分为三种：直接存量损失、间接的收入损失和次要的产量损失。

2. 定量研究

一部分学者提出，巨灾就是每次给保险业带来超过 100 亿美元的损失事件，美国学者用灾害损失与 GDP 的比例对灾害临界值进行度量和数量刻画，认为其造成的经济损失大于 GDP1% 即为巨灾。各个保险公司都有自己的标准，比如标准普尔巨灾标准是导致保险损失超过 500 万美元。美国保险服务局（ISO）认为巨灾是导致财产直接保险损失超过 2500 万美元并影响到大范围保险人和被保险人的事件。有学者把损失超过 6600 万美元以上称为巨灾。

国内早期的相关研究主要集中在对自然灾害灾度的研究，马宗晋、李闽峰等人以双因子判定为分级标准（即人口死亡数和社会财产损失值），将灾害分为微灾、小灾、中灾、大灾、特大灾五个等级，其中大灾指死亡人数为 1 万至 10 万人、直接经济损失在 10 亿元至 100 亿元之间的灾害，特大灾指死亡人数在 10 万以上、直接经济损失在 100 亿元以上的灾害，后来也被不少学者认定为巨灾。灾度等级划分也存在界限不清的情况，灾度等级判别方法也不适用于所有灾种的灾度等级界定，对此多名学者提出改进标准。于庆东提出圆弧判别方法；冯利华提出规范化指数定量计算方法；冯志泽等人根据三个因子计算出灾害指数改进算法，改进的灾害等级划分定量更加完善，但依然存在着模糊性。

也有学者的研究主要集中在巨灾临界值度量和数量刻画方面。张林源认为巨灾的界定应考虑人口密度、经济发展程度等因素，认为巨灾专指级别最高或接近最高级别的各种自然灾害，但提出发生在不同区域的巨灾应有不同标准。汤爱平等人将区域划分为国家、省（市）和县（市）三级，以灾害损失占 GDP 的比例以及重大伤亡人数百分比为标准进行界定。冯乃突提出了与马宗晋、李闽峰等人提出的双因子判定相似的标准，即巨灾具有两个标准：人口直接死亡逾万人和直接经济损失亿元以上。代博洋、李志强等人依据物元理论将可拓学算法引入自然灾害损失等级划分，建立了基于物元理论的自然灾害损失等级划分模型，物元模型的灾度等级划分标准见表 7-1，其成为灾度等级评估方法的一种补充，并与双因子判定算法、圆弧判别方法、灾害指数改进算法互为验证。

表 7-1　物元模型的灾度等级划分标准

灾度等级	人口死亡（%）	财产损失（%）
巨灾	＞ 4	＞ 4
大灾	3 ～ 4	3 ～ 4
中灾	2 ～ 3	2 ～ 3
小灾	1 ～ 2	1 ～ 2
微灾	0 ～ 1	0 ～ 1

（三）农业巨灾风险的界定原则

不同组织和对象根据不同的研究视角，在划分巨灾风险的标准和依据时会产生较大的差异，并且两者之间的侧重点也有所不同，因此中国农业巨灾风险的界定依据是无法进行直接复制的。其主要原因包括两个方面：①农业的基础产业地位和风险性质。为了适应我国农业的实际情况，以及其多样性和行为特征，在对农业巨灾风险的划分标准进行审视和界定时，必须从多个角度出发，结合具体国情；②中国的特殊国情。由于我国目前相关保险公司在多个方面存在束缚，相关标准实际操作有一定的局限性，导致其标准实施的兼容性有限，如保险统计资料连续性、参保率、承保能力等，因此无法完全适应巨灾风险损失、规模和管理方式等方面的差异性。

1. 动态连续性

物价浮动、价值核算等相关数据都存在着明显的时间价值，而农业巨灾风险的有效界定与数据资料的描述具有直接关系，因此农业巨灾风险界定首先要体现动态的思想。

2. 辩证统一性

农业巨灾风险还具有十分明显的特征，即影响面广、损失程度大等，这也是我国专家学者所公认的基本特征，由此可知，巨灾风险对经济社会发展的冲击性是十分明确的。

3. 主体相对性

各级政府主体、保险公司群体、农民群体，无论是管理水平还是承受巨灾风险的能力都有着较大的差异，因此在界定农业巨灾风险的过程中必须要体现主体的相对性。

（四）农业巨灾风险界定需要满足的条件

农业巨灾风险界定需要满足的条件包括以下几点。

①保险行业角度。对于保险公司而言，应从中国农业保险发展的实际情况出发，采用与其更为适合的"保险赔付率标准"，这一标准主要是指以一个时间周期内发生的保险赔付总额占当期保险行业承保保费总额的比例判断农业巨灾风险是否发生。需要注意的是，对于这一标准业内和银保监会还未达成共识，但从保险公司经营的角度，建议设定为140%～200%较为适宜。

②农户角度。从农户的角度来看，当农业巨灾风险给农业生产和恢复带来严重的破坏，户均损失超过家庭年预期纯收入的50%及以上时，则被定义为农业巨灾风险。

③政府角度。从政府的角度来看，通常将一次农业灾害经济损失发生数大于当期国内农业生产总值的 0.01% 界定为农业巨灾风险。

二、农业巨灾风险类别

根据不同的标准，可将农业巨灾风险分成多种不同的类别。比较有代表性的有两种方式。

（一）从风险结果的损失严重程度划分

综合考虑农业巨灾风险的经济损失、人员伤亡、辐射范围、发生频率、周期长短等特点，根据其严重程度，可分为常态农业巨灾风险和异态农业巨灾风险。前者指在一个保险期间发生的、标的之间彼此相容的巨灾风险，如气候性灾害中的暴风雨、冰雹等。常态农业巨灾风险的特点是发生概率低，但较为常见，造成的损失很大，保险公司一般不愿意经营此类保险业务。异态农业巨灾风险是指保险年度内发生概率很小的巨灾风险，如地震、洪水等自然灾害。异态农业巨灾风险的特点是在一个保险期内难以预测其可能性，一旦发生，损失规模就很大，对保险公司常态经营造成严重打击，甚至可能会导致其破产。但这二者之间的区别并不是绝对的，如：一般情况下地震等灾害被认定为异态性巨灾风险，但在活动频繁、震级较小的地带爆发的地震可视为常态性巨灾风险；干旱一般被认定为常态巨灾风险，但在某些年份，其造成的损失规模较大时，可视为异态巨灾风险。

（二）从巨灾诱因的角度划分

从巨灾诱因的角度划分，农业巨灾风险也可分为自然灾害风险和人为灾难风险。自然灾害造成的损失具有不确定性，如泥石流、旱灾、洪灾、台风等，其造成的损失大小既跟自然力的强度有关，也跟承灾体本身的人为因素有关，也与灾害发生区域特点有关，因此自然灾害风险涉及群体多、补偿额度大。人为灾难风险指因人类活动造成的灾害损失不确定性，如病虫害、重大火灾、交通灾难以及恐怖活动等，通常只是小范围内某一大型标的物受到影响，涉及群体少，风险大。这两种类型的风险也会遇到边缘性问题，如因风暴造成的交通灾难或因人类活动造成的泥石流等，很难将其确切划归为哪一类风险。

三、农业巨灾风险特征

（一）不确定性强

从风险的定义看，风险都具有不确定性，但农业巨灾风险这一特征尤为突出。农业是我国的弱质产业，受自然环境影响最大，而自然环境短时间内相对稳定，但巨灾总是在稳定中发生，远远超出了人类对自然灾害的预测能力和监控能力。同时由于大部分农产品的需求弹性小，在市场经济体制下，农业生产者和经营者对市场依赖性和从属性非常明显，作为典型的价格接受者，对价格的可控性很差，也导致农业巨灾风险高度的不确定性，这也是农业巨灾风险机制难以顺利建立的一大原因。

（二）风险单位大且相关度高

风险单位是指保险标的发生一次灾害事故可能造成的损失范围。在农业巨灾风险中，一个风险单位包含成千上万个保险单位，如洪灾、旱灾等常见的农业风险常常是受灾区域内全部同类保险对象构成的一个风险单位，通常在同一时间内发生损失。由于风险单位多处于同一时间、同一区域，使农业巨灾风险单位在时间与空间上具有高度的相关性。农业巨灾风险单位之间的高度相关性又反过来制约着风险单位在发生巨灾后的协调能力，使农业巨灾风险分散更加困难。而且，因大量的风险单位聚集在同一风险事件中，加重了农业巨灾风险造成波及损失的乘数效应，不仅是农业，其他行业如制造业、加工业、服务业等相关行业甚至整个国民经济系统都会受到牵连。

（三）区域性强

农业不同于其他行业，受气候与自然资源条件影响较大，不同区域间农业巨灾呈现出不同的特征，加上农业巨灾受灾对象不同，人口密度、经济发展水平、发展潜力等承灾体具有特性差异，使农业巨灾风险呈现典型的区域性。农业巨灾风险区域性特征主要体现在灾种分布、抗风险能力两个方面。

首先，灾种分布呈现出区域性，处在同一区域尤其是自然区域（非行政区域）的地方因地质地貌、气候气象具有极强的相似形，发生的灾害种类往往是相同的，而因灾害造成的损失程度也具有区域性差异。以中国为例，西部区域如四川、西藏、青海、新疆等气候恶劣程度相似的地方，其主要农业巨灾灾种为旱灾、沙尘暴、泥石流等；我国长江、黄河的中游地带，旱灾、地震等灾种较少，但洪灾较为严重；环海地带如江苏、浙江、福建等沿东海、黄海的沿海地区，其主要灾害种类为台风、风暴潮。

其次，抗风险能力的区域性。我国农业生产经营对象不同，各地农村人口密度分布不均，经济发展水平不尽相同，抗风险能力也表现出很强的区域性。我国西部地区农业灾害直接经济损失值一般较小，但由于抗灾能力较弱，区域经济比较落后，直接经济损失率一般比较大，而东部沿海地区农业灾害直接经济损失值一般较大，但由于抗灾能力强，区域经济发达，直接经济损失率为中等或较小。

四、农业巨灾对经济发展的影响

（一）影响国家粮食安全

近年来，全球气候和生态环境不断恶化，以及工业化进程不断加快，加大了极端性气候的发生概率，其成了引发国际性粮食危机的关键因素之一。农业巨灾频发严重影响了中国居民的粮食消费，损害了中国粮食的综合生产能力，威胁着粮食的安全。当农业巨灾发生时，人们的消费心理和粮食产量是最为明显的两个重要影响，而影响人们的消费行为则是由这两个方面延伸而来的。

近年来，我国粮食市场相关制度不断完善，以及市场经济改革的不断深入，有效提高了人们对粮食价格的敏感度，并且在一定程度上降低了粮食消费的刚性。因此，在分析农业巨灾对粮食消费的影响的过程中，一般通过研究粮食产量和粮食价格之间的关系进行分析。

一般情况下，农业巨灾对其他年份的农业生产影响较小，大多只对当年粮食生产造成较大影响。经过长期的调查研究发现，上一年受灾面积每增加1%，本年的粮食产量则减少0.008%，而当年的粮食产量则随当年的受灾面积的增加而减少。导致这一现象产生的主要原因是自然灾害本身的特性，如旱灾、水灾等。随着我国有关部门不断加大对农业基础设施改善的重视程度，有效提高了粮食生产的抗灾能力，并且极大地缩短了灾害对粮食生产造成的影响时间。

农业巨灾除了直接影响粮食生产，还扰动了中国居民的粮食消费，并且通过粮食产量和价格的相互作用，极大地延长了农业巨灾对居民粮食消费影响的时间。由此可知，前两年粮食产量和粮食价格和当年产量都会对当年的粮食价格产生影响，同时这种影响作用符合农产品蛛网模型理论。

（二）影响农民收入稳定增长

从宏观的角度来看，我国农民的收入低与农业巨灾的高损失率存在较大的矛盾，这也是导致我国农户不堪重负的主要原因。以我国山西省为例，根据相关研究统计，山西省平均每年受病虫害、水灾、风暴、霜冻等灾害耕地的面积占总耕地面积的1%，雹灾占2.7%，旱灾占25%。山西省某年因自然灾害造成的实际损失是15.2亿元，而当年的农业产值为226.9亿元，全省自然灾害造成的人均损失为64.9元，经济损失占农业产值的6.7%。农业巨灾的高损失率同农村人均收入低这一基本矛盾严重影响了农民收入稳定增长的趋势，尤其巨灾的分布是分散的，因灾致贫和因灾返贫现象屡见不鲜。

（三）影响农业保险的持续健康发展

在中国农业巨灾发生频率上升、成灾率不断增长、损失程度空前加剧的情况下，随着承保面积和品种的不断增加以及承保责任的不断扩大，中国农业保险所累积的巨灾风险也在不断积累，不断加大，农业保险的可持续发展受到了农业巨灾的严重威胁。

从覆盖面看，在中央财政补贴政策的引导下，各地方政府均开展了各种形式的农业保险试点，农业保险已覆盖到全国各省市。以水灾和风灾为主的东部沿海地区，以水灾和旱灾为主的东部地区、中部地区，以水灾、雪灾、冻灾为主的西北地区全部在农业保险的覆盖范围内。

从保险责任看，目前中国农业保险业务构成中，财政支持的政策性农险占到90%以上，由于其政策性属性，各地政府往往要求将当地主要风险因素都纳入保险责任范围，农业保险的保障范围越来越广。

从保险费率看，保险公司缺乏费率厘定的自主性，因而不能从定价上合理科学地防范农业巨灾风险。各地政府往往掌握了当地农险费率制定的主导权，其确定的政策性农险方案的保险责任十分宽泛，但费率水平却很低，与保险监管部门核准、备案的条款费率差距较大。

第二节　农业保险巨灾的风险分散机制

一、农业保险巨灾的风险分散机制概述

（一）风险分散

风险分散又称风险转移，是风险处理的一种选择方式。一般情况下，发生巨灾后，农户可选择风险降低、风险自留和保险三种方式进行风险分散。农户首先可采取一些及时、合适的措施弱化风险，如灾前预防、灾中控制等即为风险降低措施；如果巨灾发生后农户选择自己承担风险即为风险自留；保险是采取各种方式将巨灾风险向保险市场、资本市场分散，其主要工具是保险、再保险、巨灾衍生工具。

保险是一种合同行为，双方当事人在法律地位平等的基础上签订合同，将风险转移给保险人而对偶然损失进行共同分担。当事人承担各自的义务，享受各自的权利。投保人通过交纳一定的保险费，将本应自行承担的风险损失转嫁给保险人；保险人按照约定的合同有向被保险人进行赔偿的义务。对于投保人来说无论灾害发生与否，都有按期支付保险费的义务，这样才能获得风险减轻或消化的权利。农业巨灾保险可使农户在巨灾发生后获得及时的经济补偿，帮助农户灾后重建、恢复生产。

再保险是保险人进一步化解风险的一种方式，即利用分保合同，再次对其所承保的部分风险和责任在原有保险合同的基础上转嫁给其他保险人进行投保，即保险的保险，又称分保。其中转让业务的一方称原保险人，接受分保业务的一方称再保险人。原保险人一般是承担各类保险业务的保险公司，其承担农业巨灾风险的能力由资本金和公积金数量决定。为提高资本金和公积金数量，原保险公司必须达到一定投保规模和业绩以保持经营连续性，增强财务稳定性和竞争能力。原保险人也可以将其承保的风险进一步转移，即原保险人对原始风险的纵向转嫁，即第二次风险转嫁以提高其财务稳定性。农业巨灾带来的风险损失往往非常巨大，发生一次巨灾可能对一个保险公司来说就是致命打击，使得保险人无力通过集合大量风险单位来分散风险，但通过保险人的投保活动，寻求较大范围内的保险机制就可以实现将风险分散。国际再保险业出现于14世纪，历经几百年的发展已相当成熟，形成了多种灵活的分保形式。面对巨灾风险，一般的保险人很难仅凭自身实力承担巨灾损失的赔偿责任，作为保险人化解巨灾风险的手段，再保险会对固有的巨大风险进行有效分散，可以有效分

散特定区域内的风险，使巨灾风险向区域外扩散，利用巨灾区域外围的资金相互分保，扩大风险分散面，从而有效化解巨灾风险，不至于使原保险公司受到致命打击。

由于保险精算的大数定律在面对发生频率低、不可预测、损失大的巨灾时已不适用，保险的相对优势丧失。而如果把资本市场里的风险分散工具应用到农业保险里，将资本市场里的巨额资金引入农业保险市场，巨灾损失也相对渺小，因此就产生了巨灾衍生工具。第一个真正意义上的巨灾保险衍生品合同由CBOT 于 1992 年 12 月正式发行，后发展为巨灾期货期权合同。目前已经有十多种巨灾保险衍生品，如巨灾债券、巨灾互换、行业损失担保、巨灾风险信用融资等，其中巨灾债券是最为活跃、最具代表性的工具。

（二）农业巨灾风险分散机制的基本内涵

机制原指机器的构造和工作原理，其基本内容主要包括两个方面：①机器是怎样工作和为什么要这样工作；②机器由哪些部分组成和为什么由这些部分组成。

近年来，机制已被引申到生物学、医学、经济学、管理学等不同的领域。控制论认为机制是推动组织良性循环、自我协调的规则与程序的总和，以保持组织平衡、稳定、有序。系统论认为机制是系统内部各子系统互相联系、互相制约、互相协调的内部运作方式。其内涵基本一致，泛指组织内部各种组成部分的相互关系和运行变化的规律。

机制本身就是一项复杂的系统工程，由制度和体制构成，制度规范体制的运行，体制保证制度落实。不同层次、不同侧面的各项体制和制度必须互相呼应、相互补充，不能孤立，更不能仅仅以"1+1=2"来解决，必须整合起来发挥机制的作用。

针对我国农业巨灾风险分散现实情况，笔者结合前文对"农业巨灾""风险""机制"等有关概念内涵的界定，认为农业巨灾风险分散机制的基本内涵是指涉及政策、市场、风险转移工具等的一系列制度安排，具体地说是风险管理主体为了减少巨灾损失，依照国家政策和市场条件，将巨灾风险合理地在保险市场、资本市场和政府之间进行分散的机制。通过巨灾风险分散机制，使风险主体在灾前就预先进行财务分担，使其生产、生活得到有效保障，实现国家经济政策目标，达到农业稳健经营的目标。巨灾风险分散机制是建立健全农业巨灾风险管理的保障，是农业保险制度中最重要的一环，在不同的农业保险制度安排下，巨灾风险分散机制也有很大差异。

（三）农业巨灾风险分散机制的目标

农业保险的市场化经营应该是建立农业巨灾风险分散机制的目标，但这种市场化应该是通过政府机制引导而实现的。

作为国民经济的基础行业，农业不仅对农户、农民、农村有直接影响，更是会对经济可持续发展产生乘数效应，处理好农业保险问题应是农业巨灾风险分散机制的目标，应在农业各领域中广泛推行农业保险，引导农户改变自留风险的方式，以分散和降低农业生产风险。农业保险的参保率低已是一个普遍问题，农户面临灾害时，通常会选择传统的分散方式，如靠个人积蓄自我分散，或举债亲朋好友或等待政府救济，但由于农业巨灾时间和空间的高度相关性，在较短的时间内，可能使跨越几个省市的风险单位同时受损，使传统的分散方式受阻，农户会面临"一灾穷一生"困境。

保险经营是以大数法则和概率论为理论基础，跨越时间和空间限制，以"取之于面，用之于点"的方式分散局部风险、补偿风险损失，从而稳定农业生产，保障农民收入。作为现代农业风险管理的主要方式，农业保险被多数国家和地区采用。但农业巨灾的高度相关性导致同一区域内的风险单位越大保险公司承受的损失也越大。因此，单纯通过提高农业保险的风险单位，无法刺激商业保险公司承担农业风险。

农业保险的作用既要通过市场化经营也要通过政府引导。通过市场化有效配置发挥农业保险的基础性作用，让农户主动积极参保、自愿参保、自担风险。创新农业保险产品改变以往农户参保保险覆盖面过小无法分散大面积的巨灾风险的局面，利用准入制引导保险机构进入农保市场，利用价格机制的刺激、约束作用改变农业保险供需"双冷"的局面。农业保险的市场化经营效率高会使社会运行成本大幅度下降，但是农业保险自身特殊性和现实复杂性决定了不能单纯只通过市场机制发展农业保险，因此农业保险的市场化应该是在政府引导下实现的，即通过宏观调控对市场进行合理干预，使价格天平恢复平稳，为农业保险市场运行机制创造良好的条件，建立科学合理的引导机制，以实现农业保险走市场化经营目标。

二、处置农业保险巨灾风险的方式

（一）尽可能增加风险单位

在较大地区增加风险单位、推行农业保险是应对农业巨灾风险十分重要的一种方式。该方式能够通过大数法则，在直接保险层面上分散风险。减少逆选择的方法主要包括以下三个方面。

①做更精确的风险分类，将被保险人纳入同质风险集合。做更为准确地风险区划与费率分区，能够吸引更多的农户参保，减少逆选择，实现费率高低与风险大小的匹配。需要注意的是，在我国现有条件下，由于其受制于风险和费率分区的成本，所以其风险区的范围通常大于县、区。

②要求强制参加，这可以使所有的被保险人都参加风险集合。但这种方式十分容易产生较为严重的交叉补贴现象，即低风险投保人实际上是向高风险投保人补贴。

③提供保费补贴，通过利益诱导机制促进投保人参保。这一方式能够有效降低其投保成本。以美国为例，美国国会通过大量的补贴，极大地激发了农户参加农业保险的热情。

综上所述，对我国农业保险而言，加大补贴力度，增强其参保的经济激励，实行有效地降低逆选择的方式，不仅能够增强农业保险制度抵御巨灾风险的能力还有利于增加风险单位。

（二）组织再保险

农业保险再保险是应对巨灾风险十分重要的机制之一。农业再保险不仅能够满足大数法则的要求，还有利于整个农业保险业务联合分散风险、抵抗风险。农业保险原保险人之间的联系和合作通过建立农业再保险业务得到了进一步的加强，不仅使风险在更大的范围之内得以分散，形成了全社会风险分散的网络，而且形成了联合的巨额保险基金，在一定程度上增强了保险业应对农业巨灾风险的能力。除此之外，这一方式还有利于我国进一步在全球范围内分散农业风险，为其提供更多的信息资源和技术支持，极大地加强了与国际保险业的联系，再保险是农业保险分散巨灾风险最重要的手段。

（三）由公共财政兜底与借款或担保

从国外的已有经验来看，处置农业保险巨灾风险的方式的关键是要提前安排如何对巨灾发生后的超赔部分进行融资，而不是必须建立实实在在的巨灾风险基金。通常财政平时不出这部分钱，因此在巨灾发生后政策性保险的准备金不足赔付时，还可以采用三种方法；一是财政担保发行专项债券，通过市场融资；二是财政承诺提供担保向银行贷款；三是财政承诺临时借款等。

（四）相互保险与合作保险的巨灾吸纳机制

相互保险公司是相互制与公司制相结合的一种特殊保险组织形式。它是投保人以投保取得公司业主或东家的资格，用投保人交纳的纯保险费形成保险基金，以投保人之间互助共济的方式实现被保险人的人身或财产风险损失补偿，并且采用公司经营制度。

保险合作社以合作社的组织形态办理社员的保险业务，是非营利性组织。一般而言，其社员需要承担认购社股的义务，股金是其主要资金来源。社员无论认购社股的多少，营业年度末有盈余时按照交易额分配。由理事会委任经理人员，负责实际经营与管理工作。

由于相互保险与合作保险的上述特性，使得其理论上对农业保险的巨灾风险具有自动的吸纳机制。以农业相互保险公司为例，其在理论上一般不存在由于发生巨灾而使得偿付能力不足的问题。相互保险公司是一种内部互助互济的组织形式，它们以投保人（保东）交纳的保费作为相互承担赔付或给付责任的准备金。如果发生经营亏损，则一般按照盈余公积金、资本公积金的顺序予以补偿，如果仍然不足以弥补亏损，则采取减额赔偿的方法，即削减部分保险金。如果不想采取减额赔付的方法，也可以采取借债的方式补偿。当然，因为是相互，如果"保东"认可，也可以根据补偿差额，让"保东"补交保费（当然，现在很少有相互保险公司采用这种方法补充筹集保险基金）。

需要注意的是，这种组织形式是完全由农户自己相互解决巨灾风险的损失补偿，由于相互保险公司，特别是保险合作社的范围较小，融资能力有限，农户很可能得不到足额补偿。

（五）指数化保险

农业保险的巨灾风险属性源于农业风险的相关性。但对于大多数保险产品而言，可保性的前提条件是各个风险单位之间的损失不相关，这就使得传统的农业保险难以应对由于风险相关性造成的巨灾风险。但指数保险的前提恰恰是其风险损失在空间上是相关的，因此当农户的产量风险在空间上相关时，指数保险合同是对传统的农业保险的有效替代，能够在很大程度上避免传统农业保险产品由于风险损失不独立造成的巨灾损失。

目前，中国一些地区的农业保险通常不承保旱灾之类系统性非常强的自然灾害，而旱灾恰恰是与国内很多地区受灾面积和粮食产量相关性最强的自然灾害。因此，发展指数保险对于国内很多地区都具有非常现实的意义。

当然，我国发展指数保险也存在许多困难，如如何化解基数风险，如何让这种农业保险的技术创新与制度创新为保险公司、政府以及农民所接受，被保险地区是否具有较为完备的气象资料，气象站等基础设施是否齐备以及中国的金融市场是否接受这类产品，等等。

（六）发行农业巨灾彩票

我国许多发展资金都是通过体育事业发行彩票筹集的，由此可见，我国在筹集农业保险巨灾风险基金时同样可以采取这种方式。这类彩票的设立通常有两种方式：一种方式是在发生农业保险巨灾风险损失的年份定时、定向发行彩票募集，另一种方式则是常态化发行彩票募集。

三、农业巨灾风险分散模式

模式是某种事物的标准形式或使人可以照着做的标准样式。农业巨灾风险分散模式是风险主体根据分散风险的目的，为实现分散风险所确认的价值定位而采取某一类方式方法的总称，包括确定风险主体地位，实现分散风险而规定的业务范围，以及风险主体通过什么途径或方式来分散风险。因此，农业巨灾风险分散模式是指风险主体对农业巨灾风险做出反应的一种范式，这种范式在特定的环境下是有效的。

从世界范围看，农业巨灾风险分散模式纷繁复杂，各国根据本国情况形成了独具特色的模式。

（一）按分散的途径分类

1. 市场主导模式

市场主导模式中巨灾保险体系实施市场化操作，基本上由保险公司承保。像销售其他商业保险一样销售巨灾保险产品，投保人可自行选择时机购买，实行非强制性巨灾保险，政府财政也不对巨灾保险进行任何补贴，不参与巨灾保险的经营管理，也不承担保险风险，主要承担防灾基础工程建设、灾前预警和灾害评估等工作。

2. 政府主导模式

政府主导模式是以政府作为主体来承担主要承保责任。受农业巨灾风险分散"需求"和"供给"的双冷现实，市场机制在某些国家难以发挥作用，政府主导模式是一种必然选择。政府主导模式的典型特征是政府通过立法、行政手段、财政资金等直接干预巨灾保险行业，直接主导本国的农业巨灾风险分散管理，或直接参与农业巨灾风险分散，或选择委托代理人参与农业巨灾风险分散，或者给农业巨灾风险分散参与者大量补贴，总之政府扮演着巨灾风险中"最后保险人"的角色。

3.混合农业巨灾风险分散模式

混合农业巨灾风险分散模式是市场和政府共同参与的承保人体系，以加拿大、墨西哥和美国等国为代表。这类模式的主要特点是有机地把市场机制和政府行政机制结合起来，即政府、保险公司、再保险公司以及其他形式的能提供农业巨灾保险的企业共同参与，提供巨灾保险，各司其职，各负其责，彼此补充和完善，从而形成一个完整的运作模式。

4.互助农业巨灾风险分散模式

互助农业巨灾风险分散模式是指企业在政府的支持下分级成立互助社，按照农业灾害级别和损失不同，每个级别承担相应的农业灾害风险损失。在每个级别互助社内部，其成员相互保。此外，政府还需要承担特殊的农业巨灾风险。

5.国际合作农业巨灾风险分散模式

受经济一体化的影响，在20世纪90年代以后，各国开始尝试通过国际再保险和资本市场进行农业巨灾风险分散。国际合作农业巨灾风险分散模式可以将一国的农业巨灾风险通过再保险市场和资本市场进行分散，也可以通过政府间组建的合作组织进行分散。

（二）按农业巨灾风险承担的主体分类

1.私营模式

在私营模式下，通过市场机制运作农业保险，保险产品供给方为商业保险公司，如私营保险公司、合作保险公司、相互保险社及中介保险机构，实行该模式的代表国家有德国、南非、阿根廷、荷兰、澳大利亚等。

2.公营模式

在公营模式下，农业保险业务处于政府的直接控制下，政府取代市场，授权给具有相当规模的国营保险公司全权负责农业保险经营，开展保险和再保险业务，实行该模式的代表国家有加拿大、印度、菲律宾等。

3.公私合作模式

公私合作模式将"公"与"私"结合起来，既要通过市场运作也要通过政府干预。"公"即政府干预方式，主要是监管与税收，监管方式主要通过立法、司法、行政等手段建立巨灾保险法规、制定巨灾保险制度、政府监督保险公司制度等，税收方式通过财政税收提供保费补贴、管理费用补贴等政府应急补贴；"私"即市场运作，主要是商业保险公司通过市场和价值规律经营农业保险产品。

公私合作模式将农业巨灾风险在政府与各类保险公司、保险中介之间分摊，化解风险。在实际操作中，政府干预农业保险市场的深度不同，即便是公私合作模式下也有不同的具体方式，如以韩国为代表的政府垄断模式，政府垄断着某些险种的供应，这些险种在别的国家已由私营保险公司经营。美国与法国同为政府控制的商业经营模式，但美国为政府高度控制的商业经营模式，而法国则为政府低度控制的商业经营模式。

这种分类方法还可以继续细分，按照政府有无进行补贴、保险单位的性质、购买农业保险的意愿三个角度，农业巨灾风险分散模式可细化为五种：私营、非补贴；私营、部分补贴模式；公共、非补贴模式；公共、部分补贴、自愿模式；公共、部分补贴、强制模式。

（三）按政府与商业保险公司之间对农业巨灾风险的分摊角度分类

从政府与商业保险公司之间对农业巨灾风险的分摊角度看，农业巨灾风险分散模式主要有以下三种。

1. 自营模式

自营模式与代办模式相反，农业风险全部或大部分由经营保险的保险公司承担，但由于农业巨灾风险高，一般保险公司无力承担，需要通过其他方式继续分散风险，如利用运转农业保险的收益来抵消农业保险的亏损，即"以险养险"。

2. 委托代办模式

在委托代办模式下，农业风险全部或大部分由政府承担，保险公司只是替政府经营保险产品，通过代办保险提取手续费，但不承担风险控制和赔偿责任，而由政府承担。险种保费由政府通过财政补贴承担一定比例，投保人再承担一定比例。

3. 联办共保模式

联办共保模式由政府与企业按约定比例共担风险、分摊保费，充分发挥政府监管职能和企业经营保险专业化技能。从实践看，保费由农户和政府共同承担，风险则由政府与保险公司共担。保险公司将农业保险保费总收入的一定比例作为管理经费，将支付赔偿后的剩余部分资金作为巨灾基金，以提高其抗风险的能力，理赔也采取商业保险公司与政府按约定比例筹资赔付的方式。

四、国外巨灾风险分散机制经验借鉴

（一）美国

各种灾害救助程序和农作物保险是美国的农业生产的自然灾害救助与补偿体系的重要组成部分。在美国，《联邦农作物保险法》和《1994 年农作物保险改革法》是农业生产中自然灾害补偿体系的主要依据，美国政府通过提供全面的粮食作物保险调动农业生产者的积极性，使其主动参与粮食作物的保险计划，同时采取不参加则不对其进行其他政府资助的方式。这一政策的具体做法主要是指联邦政府对相关粮食作物给以保险补贴，提供统一的粮食作物保险框架。在这一框架内，获得许可的经营组织或是各级政府必须根据相关规定从事粮食作物保险和再保险业务。美国粮食作物保险的风险责任主要包括以下几个方面。

1. 巨灾风险保障

巨灾风险保障是美国最为基础性的险种，这一保障规定某一粮食作物如果没有按照相关要求投保此项保险，则其不能获得公共准备金等补助和农业生产信贷、农业生产的价格支持，以及联邦政府的生产调整服务的资格。

一般情况下，巨灾风险保障的风险责任主要是承保不可抗自然灾害造成农业生产的损失，如火灾、雹灾、旱灾、洪涝等，其可通过农业农村部地方办事处获得。其费用主要包括两个方面：①保险费，一般情况下保险费通常由政府全部补贴；②管理费，管理费通常可以区别享受优惠，主要是指用来补贴政府在粮食作物保险方面的运营费用。

2. 额外风险保障

美国所指定的巨灾风险通常只提供了最低水平的风险保障，而额外风险保障则为农业生产者提供了更高程度的风险保障，如追加购买多险种农作物保单，即个人多重风险农作物保险。

在美国，每一个农场都有一个以历史农场水平生产为基础的保险产量，因此现行的粮食作物保险条款中，其虽然不对变动的价格提供保护，农场管理者可以就任何农场产量低于保证产量的损失得到补偿。因此，保费的高低会随着保障水平的不同、所在地区的不同、作物种类的不同，而发生一定的变化。在缴纳保费时，政府通常会补贴部分保险费，其余的保险费和管理费用则需要农业生产者自行缴纳。除此之外，额外风险保险主要针对其他不可抗灾害带来的损失进行保险，如与天气有关的灾害，即多灾害作物风险保险，以及对生产者因重新耕种所需要的费用进行补偿。

3. 区域风险项目

这一项目大多是以一个县为一个区域，以该区域的平均产量作为担保产量的基准，通常不会考虑单个农业生产者的产量，当实际产量低于担保产量时，保险公司则会赔偿所有参加投保的农业生产者。

一般情况下，区域风险项目不需提供历史生产记录，可直接享受联邦政府给予的补贴，但不能为单个的生产者提供保障，这类保险业务主要包括面积多重风险农作物保险。

①面积多重风险农作物保险。面积多重风险农作物保险能够有效降低粮食作物保险经营中的各类问题，如道德风险问题、逆向选择问题等。与现行的保险费相比。面积计划补偿主要是建立在不存在个人损失计算的平均面积的基础上，即保险农户和未保险农户。

②不足支付与粮食作物保险相联系计划。这一计划主要是指以计划产量作为最高限制的实际产量来计算每英亩的不足支付。一般情况下，以目标价格计价的计划产量和 ASCS 为基础来计算每英亩保险赔偿支付。需要注意的是，农业生产者需要同时参加粮食作物保险和不足支付计划，以求最大限度地降低巨灾带来的损失。

4. 非保险救济项目

非保险救济项目的保障主要是指政府为未被巨灾风险保险所覆盖的个别作物提供的相关保障。这就要求生产者必须及时将作物的种植面积和历史产量报告给地方机构，当某一区域单独损失超过平均产量 50%，或是某年的平均产量均低于正常年份的 65%，则该区域参与非保险救济项目的所有生产者均可以得到该项目的补偿。需要注意的是，该补偿通常为市场价格的 60%。

5. 面积灾害救助计划

一般情况下，灾害救助使用面积只是没有保费支出，其面积农作物保险则与产量方法的运作相同。在面积灾害救助计划中，实际面积产量和期望面积产量差额是其计算的关键。例如，每一面积的历史平均产量的 65% 或 75%，当某一年度的实际面积产量下降到这一数据以下时，则所有参与该项救助项目的农业生产者都可以得到政府的灾害救助。

6. 生产灾害救助计划

生产灾害救助计划主要包括两个方面：①非保险农作物灾害救助，这一救助计划不仅覆盖了非可保的农作物损失，还向合格的农业生产者提供金融支持；②应急保护计划，这一救助计划主要是在干旱时期执行应急水保护措施，以及提供用于修复土地的资金。

（二）日本

日本经过长期的发展，其政府十分重视农业生产的自然灾害补偿制度，逐渐形成了三级联动的农业生产共济保险体系。日本长期执政的党派始终将保护农户利益放在其国家发展的关键位置。除此之外，日本作为发达国家，其社会的各个方面都充分体现了其精细管理的思想，并相互辅助形成了和谐的体系构架和严格的制度，日本政府在以法为据、依法办事的前提下着手建立了农业生产的灾害补偿制度。在其发展的过程中，粮食作物共济保险计划通过不断修订相关农业灾害补偿法案得以更好地实施。日本自然灾害补偿制度的基本要点包括以下几个方面。

1. 规定了粮食作物共济保险项目费用的责任方

粮食作物共济保险项目的保费补贴和费用通常不需要地方政府财政承担，而是由中央政府财政主要负责承担粮食作物共济项目的保费补贴和费用，一般情况下为保费的50%。

2. 规定了合作组织费用的使用办法

日本政府对于合作组织费用的使用办法依法做出了相关规定。一般情况下，共济金是由政府补贴的保费和农户交纳的共济保费两部分组成的，既不允许挪作他用，也不允许任何人或机构从中提取任何费用，只能用于对农业生产的灾害损失的补偿。需要注意的是，政府通常会单独拨付粮食作物共济组合的费用和粮食作物共济组合联合会的费用。

3. 规定了粮食作物共济保险的业务范围

日本政府对粮食作物共济保险的业务范围做出了相关的规定：一是农机具和建筑物，这一类保险的业务范围主要包括火灾、雷击、车辆冲撞事故的损失；二是园艺保护设施和内在的粮食作物，其保险的业务范围主要包括水灾、雹灾、风灾等气象灾害，需要注意的是车辆冲撞、鸟兽害是不在保险业务范围内的；三是粮食作物，其保险的业务范围主要包括因干旱、水灾、风灾、雹灾等气象灾害导致的损失，需要注意的是火灾、病虫害则不在保险业务范围内。

4. 规定了粮食作物共济再保险的比例

日本中央政府依照相关的法律法规对粮食作物共济再保险的比例做出了更为细致的规定。一般情况下，市町村粮食作物共济保险组合保费的70%都要分保给都道府县一级粮食作物共济组合联合会，30%自留用于本会发展，以此形成了日本多层次相互连接的粮食作物风险基金。需要注意的是，相互分保再保的三个层次都需要按照节余积累、有灾补偿的风险基金原则运作。

5. 规定了农业灾害补偿制度的组织体系

日本中央政府根据相关法律将农业灾害补偿制度的组织体系分为了三个既各司其职，又连为一体的等级。

①中央政府。此处作为最高等级的中央政府通常是指农林水产省经营局保险科，主要负责出台条款、财务结算、拨付费用、制定政策、补贴保费、承接再保险等，需要注意的是，无论是哪项业务都要求政府必须按照农业生产的自然灾害补偿法规定的共济范围执行。

②都道府县农业共济组合联合会。这一组合联合会作为中间层级起着承上启下的作用，既要向中央一级分保，又要接受基层共济组合的分保，其主要任务是遵照中央的法令组织所属区域开展农业生产共济事业。

③市町村农业共济组合。这一组合是最为基础的组合，主要负责开展粮食作物共济保险业务，为农户提供参加共济的服务。

6. 规定了农业生产共济组合联合会的事业费用

日本政府规定都道府县农业生产共济组合联合会和市町村农业共济组合的全部事业费用由中央财政资金给予拨付。资金拨付时间是每年的六月份，拨付标准是：都道府县农业共济组合联合会按照总共济保费的25%给予拨付；市町村农业共济组合按照该组合总共济保费的40%给予拨付，拨付费用包括人员工资、福利、办公事业、房租、车辆等。

7. 规定了连续三年无灾未得补偿的奖励标准

日本政府依法规定了对参加共济农民连续三年无灾未得补偿的奖励标准，是按照农民参加共济保费总量给予30%的奖励。对于这一点，现今人们仍然存在着分歧。

第三节　农业保险巨灾风险的法律制度建设

一、农业巨灾保险的立法原则

（一）法制统一原则

法制统一原则主要是指要保持法律体系内部和谐一致，不同层次或不同层级的法律、法规、规章之间以及各种部门法之间互不矛盾，和谐统一。目前我国已颁布《农业法》《保险法》《农业保险条例》。

（二）公平公正原则

农业巨灾保险立法体现公平和公正是最基础也是最重要的要求。公平公正，除了让农民具有公平机会参保之外，也能让投保的农民的利益在合同约定条件下得到最公正的保障，同时秉承着公平公正的原则才能让政府补贴在全方位覆盖。同时，合同执行的严肃性也是公平公正的应有之义。倘若出现保险公司的保险准备金不足、政府财政紧张的情况，损害便得不到赔偿。在我国有些地方会出现"大灾小赔""赔款截留"的现象，这显然有违公平公正的原则。因此，农业巨灾保险立法首先要将公平公正的原则纳入明文规定。

二、农业巨灾保险机制的规定

（一）强制性与自愿性结合的投保方式

与一般农业保险相比，农业巨灾保险存在着一定的特殊性，如偶然性、波及范围广、破坏力大、发生概率小等。一般情况下，保险行业在真正面对农业巨灾保险时，随时都存在着亏损的可能，想要依靠这一保险业务盈利是十分困难的，这也导致我国相关保险公司不愿承保农业巨灾保险。

除此之外，我国还存在多数农民参保意愿较低的问题，导致这一问题出现的主要原因包括两个方面。一方面是巨灾的损失度与保费的正比关系，另一方面是我国农业巨灾保险主要依靠社会捐助和政府救助来救灾。由此可知，在市场的引导下很难实现巨灾风险分摊。

近年来，针对我国实际情况，即农民投保积极性不高、保险公司承保积极性不高的情况，政府采取了强制保险的方式。同时，《保险法》明确规定了投保的自愿性，基于政策性与商业性结合的保险经营模式特点，以及基于法制统一的立法原则，这种具有强制性的投保方式是十分必要的。

（二）政策性与商业性结合的经营模式

政策性保险主要是指政府给予扶持政策，运用商业保险的原理来达到某种政策上的目的，这种模式通常具有相关立法保护、政府提供补贴与免税以及非营利性等特征。农业保险是一种具有自身效益低、社会效益高等特点的准公共产品，现如今发展农业保险已经成了国家农业政策的重要组成部分。由于农业巨灾保险需要同时面对宽泛的保险标准、巨大的风险单位、高度分散的投保农户，并且其还具有高赔付额和高风险的特点，导致一旦灾害发生保险公司就面临着巨额的保费，并且其经营成本比一般财产保险高得多。除此之外，我国农民的人均收入和农业经营收入较低，导致其十分抵触购买农业保险产品。因此，在缺少政府价格补贴的条件下是不会形成一个具有竞争性的商业市场的。同时，《农业保险条例》第三条规定"农业保险实行政府引导、市场运作、自主自愿和协同推进的原则"。因此，农业巨灾保险应当采用政策性与商业性相结合的经营模式。

三、农业巨灾保险法律关系当事人的规定

（一）农民的角色定位

在农业巨灾保险运行体系中，农民不仅是保险的受益人，也是灾难的受害者。在政府和保险公司都正确定位后，想要更好地保证农业巨灾保险体系顺利运行，农民的积极参与是必不可少的。当特大灾害发生后，受灾农民应积极与商业保险公司联系，同时依靠政府和社会的救助最大限度弥补损失。根据相关保险合同的要求，投保农民想要在保险利益受损害时获得来自保险公司的保险补偿金，必须在灾难发生前已经向保险公司缴纳过保费。综上所述可知，只有农民积极参与，农业巨灾保险才有需求，才能激发商业保险公司发展农业巨灾保险的积极性，最终与国家政策性补贴结合，从而形成一整套完整的农业巨灾保险体系。

（二）政府的角色定位

政府的扶持是农业巨灾保险可以持续推行的关键因素。由于保险公司的逐利本性和农业巨灾保险的特殊性，导致承保巨灾保险的积极性较差，因此政府的干预是十分必要的。作为"领头羊"的政府，首先应当明确发展农业巨灾

保险的重要性和目标意义，让保险公司感受到自身社会责任，引导保险公司积极参与农业巨灾保险的经营活动。政府不仅要将保险公司的经营活动引入正轨，还要充分调动保险公司的积极性。市场本身具有一定的随意性，可能会因农业巨灾保险在不同区域，以及不同灾害产生的影响不同而产生利益取向。因此，政府应当承担规范农业巨灾保险运行机制的责任，从而保障保险市场健康发展。

参考文献

[1] 吴利红. 气象灾害风险管理在农业保险中的应用研究 [M]. 北京：气象出版社，2012.

[2] 王吉恒，李玉，李红星. 农业生产风险管理机制研究 [M]. 北京：中国农业出版社，2012.

[3] 钱振伟. 农业保险发展理论与实践：基于对云南实践的跟踪调查 [M]. 北京：中国金融出版社，2013.

[4] 谌立平. 现代农业信贷风险评估与控制研究 [M]. 成都：西南交通大学出版社，2014.

[5] 张峭，王克. 中国农业风险综合管理 [M]. 北京：中国农业科学技术出版社，2015.

[6] 邓义，陶建平. 中国农业保险监管研究 [M]. 北京：科学出版社，2015.

[7] 庹国柱，冯文丽. 一本书明白农业保险 [M]. 郑州：中原农民出版社，2016.

[8] 龙文军. 健全农业保险制度研究 [M]. 北京：中国农业出版社，2016.

[9] 刘素春，付红. 中国农业保险组织形式研究 [M]. 北京：经济科学出版社，2016.

[10] 刘小红. 农业保险财政补贴法律制度研究 [M]. 北京：法律出版社，2017.

[11] 聂荣，沈大娟. 农业风险控制与农业保险绩效研究 [M]. 北京：经济科学出版社，2017.

[12] 李丹，庹国柱，龙文军. 农业风险与农业保险 [M]. 北京：高等教育出版社，2017.

［13］周稳海，赵桂玲．农业保险理论与实证研究：以河北省为例［M］．北京：科学出版社，2017．

［14］钱振伟，张艳，赵丽．农业巨灾风险保障体系及实施难点研究［M］．北京：科学出版社，2017．

［15］肖宇谷．农业保险中的精算模型研究［M］．北京：清华大学出版社，2018．

［16］杨卫军，郭晨阳．农业风险多层次应对研究［M］．北京：北京理工大学出版社，2018．

［17］龙文军，齐皓天，李向敏，等．现代农业保险政策与实务［M］．北京：中国农业出版社，2018．

［18］魏钢，易辉，刘纯德，等．农业巨灾风险管理与农业保险［J］．农经，2018（12）．

［19］刘金霞，武翠芳．农业保险对农业信贷保障作用的实证研究［J］．农村金融研究，2018（12）．

［20］叶朝晖．关于完善我国农业保险制度的思考［J］．金融研究，2018（12）．

［21］韩秋芳．对农业风险管理的几点思考［J］．山西农经，2018（16）．

［22］孙琳．我国农业保险补贴制度的内在动因与完善建议［J］．农民致富之友，2018（21）．

［23］翟宇佳．我国农业巨灾保险制度现状及问题研究［J］．现代经济信息，2018（23）．

［24］张红梅，何永梅．农业保险对我国农村居民收入的影响［J］．南方农机，2018（16）．

［25］黄正军．我国农业保险的政府作用长效机制建设探讨［J］．黑龙江畜牧兽医，2019（10）．

［26］王璐．我国政策性农业保险发展模式研究［J］．环渤海经济瞭望，2019（10）．

［27］胡苗，王建兵．不同行为主体对政策性农业保险的影响分析［J］．社科纵横，2019（12）．